Delícias Vegetais

Uma Jornada Culinária com Receitas à Base de Plantas

Maria Silva

Índice

Introdução 10

ARROZ E GRÃOS 15

Arroz Clássico Alho 16

Arroz Integral com Legumes e Tofu 18

Mingau de Amaranto Básico 20

. Pão de Milho Country com Espinafre 22

Pudim de Arroz com Groselha 24

Mingau de Milho com Sultanas 26

Mingau de Quinoa com Figos Secos 29

Pudim de Pão com Passas 31

Salada Trigo Sarraceno 33

Mingau de Centeio com Cobertura de Mirtilo 35

Mingau De Sorgo De Coco 37

Arroz Aromático do Pai 39

Grits salgados todos os dias 41

Salada de cevada à moda grega 43

Mingau de Milho Doce Fácil 45

Muffins de milho da mamãe 47

arroz integral com gengibre 49

Doce Aveia "Grits" 51

Tigela Freekeh com figos secos 53

Mingau de Fubá com Xarope de Bordo 56

Arroz à Mediterrânea 58

Panquecas de Bulgur com um Twist 60

Mingau De Centeio De Chocolate 62

Autêntica refeição Mielie africana 64

Mingau de Teff com Figos Secos 66

Pudim de pão decadente com damascos 69

Arroz Chipotle Coentro 71

Mingau de Aveia com Amêndoas 73

Tigela Aromática de Milho 75

Tigela Harissa Bulgur 77

Pudim De Quinoa De Coco 80

Risoto de Cogumelos Cremini 82

Risoto Colorido com Legumes 84

Grits de amaranto com nozes 86

Pilaf de Cevada com Cogumelos Selvagens 88

Muffins de Pão de Milho Doce 90

Arroz Pudim Aromático com Figos Secos 93

Potage au Quinoa 95

Tigela de Sorgo com Amêndoas 97

Muffins de Bulgur com Passas 99

Pilaf à moda antiga 101

Salada Freekeh com Za'atar 103

Sopa de Legumes de Amaranto 105

Polenta com Cogumelos e Grão-de-bico 108

Salada Teff com Abacate e Feijão..110

Farinha de aveia com nozes durante a noite......................................112

Bolas Energéticas De Cenoura 115

Batata Doce Crocante 117

Cenouras Baby Vidradas Assadas..119

Chips de Couve Assada no Forno 121

Molho De Caju Cheesy 123

Molho de homus apimentado...125

Mutabal libanês tradicional 128

Grão-de-bico assado à moda indiana 130

Abacate com Molho de Tahini...132

Tater Tots De Batata Doce...134

Pimenta Assada e Molho de Tomate..136

Mistura de festa clássica...138

Crostini Alho Azeite 140

Almôndegas veganas clássicas...141

Pastinaga Assada Balsâmica 143

Baba Ganoush Tradicional 146

Mordidas de Tâmaras com Manteiga de Amendoim 148

Molho de Couve-Flor Assado 149

Enroladinhos fáceis de abobrinha 151

Batata Doce Chipotle 153

Molho de Feijão Cannellini 155

Bean Bowl estilo mexicano 157

Clássico Minestrone Italiano 159

Ensopado de Lentilha Verde com Couve 161

Mistura de Legumes de Grão-de-bico 163

Molho de Feijão Quente 165

Salada de Soja à Chinesa 167

Couve-flor assada com especiarias 170

Toum libanês fácil 173

Abacate com molho picante de gengibre 175

Snack De Grão De Bico 177

Mergulho Muhammara com um Twist 179

Crostini de espinafre, grão de bico e alho 181

"Almôndegas" de Cogumelos e Feijão Cannellini 184

Rodelas de Pepino com Hummus 186

Pedaços de Jalapeño Recheados 187

Anéis de Cebola Estilo Mexicano 189

vegetais de raíz assados 191

Molho de homus ao estilo indiano 193

Molho de Cenoura e Feijão Assado 195

Sushi de abobrinha rápido e fácil 197

Tomate Cereja com Homus 199

Cogumelos Assados no Forno 201

Chips De Couve De Queijo 204

Barquinhos de Abacate Hummus 206

Cogumelos Recheados Nacho 208

Wraps de Alface com Hummus e Abacate 210

Couves de Bruxelas assadas 212

Poblano Poppers de Batata Doce 214

Chips de abobrinha assada 216

Autêntico Molho Libanês 218

Introdução

É apenas até recentemente que mais e mais pessoas estão começando a adotar o estilo de vida da dieta baseada em vegetais. O que exatamente atraiu dezenas de milhões de pessoas para esse estilo de vida é discutível. No entanto, há evidências crescentes demonstrando que seguir um estilo de vida com dieta baseada principalmente em vegetais leva a um melhor controle de peso e saúde geral, livre de muitas doenças crônicas. Quais são os benefícios para a saúde de uma dieta baseada em vegetais? Acontece que comer vegetais é uma das dietas mais saudáveis do mundo. Dietas veganas saudáveis incluem muitos produtos frescos, grãos integrais, legumes e gorduras saudáveis, como sementes e nozes. Eles são abundantes com antioxidantes, minerais, vitaminas e fibras alimentares. Pesquisas científicas atuais apontaram que o maior consumo de alimentos à base de plantas está associado a um menor risco de mortalidade por doenças cardiovasculares, diabetes tipo 2, hipertensão e obesidade. Os planos alimentares veganos geralmente dependem fortemente de alimentos básicos saudáveis, evitando produtos de origem animal carregados com antibióticos, aditivos e hormônios. Além disso, consumir uma proporção maior de aminoácidos essenciais com proteína animal pode ser prejudicial à saúde humana. Uma vez que os produtos de origem animal contêm muito mais gordura do que os alimentos à base de plantas, não é um choque que os estudos tenham mostrado que comedores de carne têm uma taxa de obesidade nove vezes maior que os veganos. Isso nos leva ao próximo ponto, um dos maiores benefícios da dieta vegana – a perda de peso. Embora muitas pessoas optem por viver uma vida vegana por razões éticas, a dieta em si pode ajudá-lo a atingir seus objetivos de perda de peso. Se você está lutando para perder peso, considere tentar uma dieta baseada em vegetais. Como exatamente? Como vegano, você reduzirá o número de alimentos com alto teor calórico, como laticínios integrais, peixes gordurosos, carne de porco e outros alimentos que contenham colesterol, como ovos. Tente substituir esses alimentos por alternativas ricas em fibras e proteínas que o manterão saciado por mais tempo. A chave é focar em alimentos ricos em nutrientes, limpos e naturais e evitar calorias vazias, como açúcar, gorduras saturadas e alimentos altamente processados. Aqui estão alguns truques que me ajudam a manter meu peso na dieta vegana por anos. Eu como vegetais como prato principal; Consumo gorduras boas com moderação – uma gordura boa como o azeite não engorda; Eu me exercito regularmente e cozinho em casa. Aproveitar! Se você está lutando para perder peso, considere tentar uma dieta baseada em vegetais. Como exatamente? Como vegano, você reduzirá o número de alimentos com alto teor calórico, como laticínios integrais, peixes gordurosos, carne de porco e outros alimentos que contenham colesterol, como ovos.

Tente substituir esses alimentos por alternativas ricas em fibras e proteínas que o manterão saciado por mais tempo. A chave é focar em alimentos ricos em nutrientes, limpos e naturais e evitar calorias vazias, como açúcar, gorduras saturadas e alimentos altamente processados. Aqui estão alguns truques que me ajudam a manter meu peso na dieta vegana por anos. Eu como vegetais como prato principal; Consumo gorduras boas com moderação – uma gordura boa como o azeite não engorda; Eu me exercito regularmente e cozinho em casa. Aproveitar! Se você está lutando para perder peso, considere tentar uma dieta baseada em vegetais. Como exatamente? Como vegano, você reduzirá o número de alimentos com alto teor calórico, como laticínios integrais, peixes gordurosos, carne de porco e outros alimentos que contenham colesterol, como ovos. Tente substituir esses alimentos por alternativas ricas em fibras e proteínas que o manterão saciado por mais tempo. A chave é focar em alimentos ricos em nutrientes, limpos e naturais e evitar calorias vazias, como açúcar, gorduras saturadas e alimentos altamente processados. Aqui estão alguns truques que me ajudam a manter meu peso na dieta vegana por anos. Eu como vegetais como prato principal; Consumo gorduras boas com moderação – uma gordura boa como o azeite não engorda; Eu me exercito regularmente e cozinho em casa. Aproveitar! Como exatamente? Como vegano, você reduzirá o número de alimentos com alto teor calórico, como laticínios integrais, peixes gordurosos, carne de porco e outros alimentos que contenham colesterol, como ovos. Tente substituir esses alimentos por alternativas ricas em fibras e proteínas que o manterão saciado por mais tempo. A chave é focar em alimentos ricos em nutrientes, limpos e naturais e evitar calorias vazias, como açúcar, gorduras saturadas e alimentos altamente processados. Aqui estão alguns truques que me ajudam a manter meu peso na dieta vegana por anos. Eu como vegetais como prato principal; Consumo gorduras boas com moderação – uma gordura boa como o azeite não engorda; Eu me exercito regularmente e cozinho em casa. Aproveitar! Como exatamente? Como vegano, você reduzirá o número de alimentos com alto teor calórico, como laticínios integrais, peixes gordurosos, carne de porco e outros alimentos que contenham colesterol, como ovos. Tente substituir esses alimentos por alternativas ricas em fibras e proteínas que o manterão saciado por mais tempo. A chave é focar em alimentos ricos em nutrientes, limpos e naturais e evitar calorias vazias, como açúcar, gorduras saturadas e alimentos altamente processados. Aqui estão alguns truques que me ajudam a manter meu peso na dieta vegana por anos. Eu como vegetais como prato principal; Consumo gorduras boas com moderação – uma gordura boa como o azeite não engorda; Eu me exercito regularmente e cozinho em casa. Aproveitar! Tente substituir esses alimentos por alternativas ricas em fibras e proteínas que o manterão saciado por mais tempo. A chave é focar em alimentos ricos em nutrientes, limpos e naturais e evitar calorias vazias, como açúcar, gorduras saturadas e alimentos altamente processados. Aqui estão alguns truques que me ajudam a manter meu peso na dieta vegana por anos. Eu como vegetais como prato principal; Consumo gorduras boas com moderação – uma gordura boa como o azeite não engorda; Eu me exercito regularmente e cozinho em casa. Aproveitar! Tente substituir esses alimentos por alternativas ricas em fibras e proteínas que o manterão saciado por mais tempo. A chave é focar em alimentos ricos em nutrientes, limpos e naturais e evitar calorias vazias, como açúcar, gorduras saturadas e alimentos altamente processados. Aqui estão alguns truques que me ajudam a manter meu peso na dieta vegana por anos. Eu como vegetais como prato principal; Consumo gorduras boas com moderação – uma gordura boa como o azeite não engorda; Eu me exercito regularmente e cozinho em casa. Aproveitar! Eu como vegetais como prato principal; Consumo gorduras boas com moderação – uma gordura boa como o azeite não engorda; Eu me exercito regularmente e cozinho em casa. Aproveitar! Eu como vegetais como prato principal; Consumo gorduras boas com moderação – uma gordura boa como o azeite não engorda; Eu me exercito regularmente e cozinho em casa. Aproveitar!

ARROZ E GRÃOS

Arroz Clássico Alho

(Pronto em cerca de 20 minutos | Porções 4)

Por porção : Calorias: 422; Gordura: 15,1g; Carboidratos: 61,1g; Proteína: 9,3g

Ingredientes

- 4 colheres de sopa de azeite
- 4 dentes de alho picados
- 1 ½ xícaras de arroz branco
- 2 ½ xícaras de caldo de legumes

instruções

Em uma panela, aqueça o azeite em fogo moderado. Adicione o alho e refogue por cerca de 1 minuto ou até ficar aromático.

Adicione o arroz e o caldo. Leve para ferver; imediatamente vire o fogo para um ferver suave.

Cozinhe por cerca de 15 minutos ou até que todo o líquido tenha sido absorvido. Solte o arroz com um garfo, tempere com sal e pimenta e sirva quente!

Arroz Integral com Legumes e Tofu

(Pronto em cerca de 45 minutos | Porções 4)

Por porção : Calorias: 410; Gordura: 13,2g; Carboidratos: 60g; Proteína: 14,3g

Ingredientes

4 colheres de chá de sementes de gergelim

2 talos de alho-poró picados

1 xícara de cebolinha, picada

1 cenoura, aparada e fatiada

1 costela de aipo, fatiada

1/4 xícara de vinho branco seco

10 onças de tofu, em cubos

1 ½ xícaras de arroz integral de grão longo, bem enxaguado

2 colheres de sopa de molho de soja

2 colheres de sopa de tahine

1 colher de sopa de suco de limão

instruções

Em uma wok ou panela grande, aqueça 2 colheres de chá de óleo de gergelim em fogo médio-alto. Agora, cozinhe o alho, a cebola, a cenoura e o aipo por cerca de 3 minutos, mexendo de vez em quando para garantir um cozimento uniforme.

Adicione o vinho para desengordurar a panela e empurre os legumes para um lado da wok. Adicione o óleo de gergelim restante e frite o tofu por 8 minutos, mexendo ocasionalmente.

Leve 2 ½ xícaras de água para ferver em fogo médio-alto. Leve ao fogo brando e cozinhe o arroz por cerca de 30 minutos ou até ficar macio; solte o arroz e misture com o molho de soja e o tahine.

Misture os legumes e o tofu no arroz quente; adicione algumas garoas do suco de limão fresco e sirva quente. Bom apetite!

Mingau de Amaranto Básico

(Pronto em cerca de 35 minutos | Porções 4)

Por porção : Calorias: 261; Gordura: 4,4g; Carboidratos: 49g; Proteína: 7,3g

Ingredientes

3 xícaras de água

1 xícara de amaranto

1/2 xícara de leite de coco

4 colheres de sopa de xarope de agave

Uma pitada de sal kosher

Uma pitada de noz moscada ralada

instruções

Leve a água para ferver em fogo médio-alto; adicione o amaranto e leve ao fogo para ferver.

Deixe cozinhar por cerca de 30 minutos, mexendo de vez em quando para evitar que o amaranto grude no fundo da panela.

Misture os ingredientes restantes e continue a cozinhar por mais 1 a 2 minutos até ficar cozido. Bom apetite!

. Pão de Milho Country com Espinafre

(Pronto em cerca de 50 minutos | Porções 8)

Por porção: Calorias: 282; Gordura: 15,4g; Carboidratos: 30g; Proteína: 4,6g

Ingredientes

1 colher de sopa de farinha de linhaça

1 xícara de farinha de trigo

1 xícara de fubá amarelo

1/2 colher de chá de bicarbonato de sódio

1/2 colher de chá de fermento em pó

1 colher de chá de sal kosher

1 colher de chá de açúcar mascavo

Uma pitada de noz moscada ralada

1 ¼ xícaras de leite de aveia, sem açúcar

1 colher de chá de vinagre branco

1/2 xícara de azeite

2 xícaras de espinafre, cortado em pedaços

instruções

Comece pré-aquecendo o forno a 420 graus F. Agora, borrife uma assadeira com um spray antiaderente.

Para fazer os ovos de linhaça, misture a farinha de linhaça com 3 colheres de sopa de água. Mexa e deixe descansar por cerca de 15 minutos.

Em uma tigela, misture bem a farinha, fubá, bicarbonato de sódio, fermento em pó, sal, açúcar e noz-moscada ralada.

Acrescente aos poucos o ovo de linhaça, o leite de aveia, o vinagre e o azeite, mexendo sempre para não empelotar. Depois, dobre o espinafre.

Raspe a massa na assadeira preparada. Asse o pão de milho por cerca de 25 minutos ou até que um testador inserido no meio saia seco e limpo.

Deixe repousar cerca de 10 minutos antes de cortar e servir. Bom apetite!

Pudim de Arroz com Groselha

(Pronto em cerca de 45 minutos | Porções 4)

Por porção : Calorias: 423; Gordura: 5,3g; Carboidratos: 85g; Proteína: 8,8g

Ingredientes

1 ½ xícaras de água

1 xícara de arroz branco

2 ½ xícaras de leite de aveia, dividido

1/2 xícara de açúcar branco

Uma pitada de sal

Uma pitada de noz moscada ralada

1 colher de chá de canela em pó

1/2 colher de chá de extrato de baunilha

1/2 xícara de groselha seca

instruções

Em uma panela, leve a água para ferver em fogo médio-alto. Imediatamente abaixe o fogo para ferver, adicione o arroz e deixe cozinhar por cerca de 20 minutos.

Adicione o leite, o açúcar e os temperos e continue cozinhando por mais 20 minutos, mexendo sempre para evitar que o arroz grude na panela.

Cubra com groselhas secas e sirva em temperatura ambiente. Bom apetite!

Mingau de Milho com Sultanas

(Pronto em cerca de 25 minutos | Porções 3)

Por porção : Calorias: 353; Gordura: 5,5g; Carboidratos: 65,2g; Proteína: 9,8g

Ingredientes

1 xícara de água

1 xícara de leite de coco

1 xícara de painço, lavado

1/4 colher de chá de noz-moscada ralada

1/4 colher de chá de canela em pó

1 colher de chá de pasta de baunilha

1/4 colher de chá de sal kosher

2 colheres de sopa de xarope de agave

4 colheres de sopa de passas sultanas

instruções

Coloque a água, o leite, o painço, a noz-moscada, a canela, a baunilha e o sal em uma panela; leve para ferver.

Abaixe o fogo e deixe cozinhar por cerca de 20 minutos; solte o painço com um garfo e colher em tigelas individuais.

Sirva com xarope de agave e sultanas. Bom apetite!

Mingau de Quinoa com Figos Secos

(Pronto em cerca de 25 minutos | Porções 3)

Por porção : Calorias: 414; Gordura: 9g; Carboidratos: 71,2g; Proteína: 13,8g

Ingredientes

1 xícara de quinoa branca, lavada

2 xícaras de leite de amêndoa

4 colheres de açúcar mascavo

Uma pitada de sal

1/4 colher de chá de noz-moscada ralada

1/2 colher de chá de canela em pó

1/2 colher de chá de extrato de baunilha

1/2 xícara de figos secos picados

instruções

Coloque a quinoa, o leite de amêndoa, o açúcar, o sal, a noz-moscada, a canela e o extrato de baunilha em uma panela.

Deixe ferver em fogo médio-alto. Abaixe o fogo e deixe cozinhar por cerca de 20 minutos; afofe com um garfo.

Divida em três tigelas e decore com figos secos. Bom apetite!

Pudim de Pão com Passas

(Pronto em cerca de 1 hora | Porções 4)

Por porção : Calorias: 474; Gordura: 12,2g; Carboidratos: 72g; Proteína: 14,4g

Ingredientes

4 xícaras de pão de véspera, em cubos

1 xícara de açúcar mascavo

4 xícaras de leite de coco

1/2 colher de chá de extrato de baunilha

1 colher de chá de canela em pó

2 colheres de rum

1/2 xícara de passas

instruções

Comece pré-aquecendo o forno a 360 graus F. Unte levemente uma caçarola com um spray de cozinha antiaderente.

Coloque o pão em cubos na caçarola preparada.

Em uma tigela, misture bem o açúcar, o leite, a baunilha, a canela, o rum e as passas. Despeje o creme uniformemente sobre os cubos de pão.

Deixe de molho por cerca de 15 minutos.

Asse no forno pré-aquecido por cerca de 45 minutos ou até que a parte superior esteja dourada e firme. Bom apetite!

Salada Trigo Sarraceno

(Pronto em cerca de 25 minutos | Porções 4)

Por porção : Calorias: 359; Gordura: 15,5g; Carboidratos: 48,1g; Proteína: 10,1g

Ingredientes

1 xícara de trigo bulgur

1 ½ xícaras de caldo de legumes

1 colher de chá de sal marinho

1 colher de chá de gengibre fresco, picado

4 colheres de sopa de azeite

1 cebola, picada

8 onças de grão-de-bico enlatado, escorrido

2 pimentões grandes assados, fatiados

2 colheres de sopa de salsa fresca, picada grosseiramente

instruções

Em uma panela funda, leve o trigo bulgur e o caldo de legumes para ferver; deixe cozinhar, tapado, durante 12 a 13 minutos.

Deixe repousar cerca de 10 minutos e solte com um garfo.

Adicione os restantes ingredientes ao trigo bulgur cozido; sirva em temperatura ambiente ou bem gelado. Bom apetite!

Mingau de Centeio com Cobertura de Mirtilo

(Pronto em cerca de 15 minutos | Porções 3)

Por porção : Calorias: 359; Gordura: 11g; Carboidratos: 56,1g; Proteína: 12,1g

Ingredientes

1 xícara de flocos de centeio

1 xícara de água

1 xícara de leite de coco

1 xícara de mirtilos frescos

1 colher de óleo de coco

6 tâmaras sem caroço

instruções

Adicione os flocos de centeio, a água e o leite de coco em uma panela funda; leve para ferver em médio-alto. Ligue o fogo para ferver e deixe cozinhar por 5 a 6 minutos.

No liquidificador ou processador de alimentos, bata os mirtilos com o óleo de coco e as tâmaras.

Distribua em três tigelas e decore com a cobertura de mirtilo.

Bom apetite!

Mingau De Sorgo De Coco

(Pronto em cerca de 15 minutos | Porções 2)

Por porção : Calorias: 289; Gordura: 5,1g; Carboidratos: 57,8g; Proteína: 7,3g

Ingredientes

1/2 xícara de sorgo

1 xícara de água

1/2 xícara de leite de coco

1/4 colher de chá de noz-moscada ralada

1/4 colher de chá de cravo moído

1/2 colher de chá de canela em pó

Sal kosher, a gosto

2 colheres de sopa de xarope de agave

2 colheres de coco em flocos

instruções

Coloque o sorgo, a água, o leite, a noz-moscada, o cravo, a canela e o sal kosher em uma panela; cozinhe suavemente por cerca de 15 minutos.

Coloque o mingau em tigelas de servir. Cubra com xarope de agave e flocos de coco. Bom apetite!

Arroz Aromático do Pai

(Pronto em cerca de 20 minutos | Porções 4)

Por porção: Calorias: 384; Gordura: 11,4g; Carboidratos: 60,4g; Proteína: 8,3g

Ingredientes

3 colheres de sopa de azeite

1 colher de chá de alho, picado

1 colher de chá de orégano seco

1 colher de chá de alecrim seco

1 folha de louro

1 ½ xícaras de arroz branco

2 ½ xícaras de caldo de legumes

Sal marinho e pimenta caiena a gosto

instruções

Em uma panela, aqueça o azeite em fogo moderado. Adicione o alho, orégano, alecrim e louro; refogue por cerca de 1 minuto ou até ficar aromático.

Adicione o arroz e o caldo. Leve para ferver; imediatamente vire o fogo para um ferver suave.

Cozinhe por cerca de 15 minutos ou até que todo o líquido tenha sido absorvido. Solte o arroz com um garfo, tempere com sal e pimenta e sirva imediatamente.

Bom apetite!

Grits salgados todos os dias

(Pronto em cerca de 35 minutos | Porções 4)

Por porção: Calorias: 238; Gordura: 6,5g; Carboidratos: 38,7g; Proteína: 3,7g

Ingredientes

2 colheres de sopa de manteiga vegana

1 cebola doce, picada

1 colher de chá de alho, picado

4 xícaras de água

1 xícara de grãos moídos em pedra

Sal marinho e pimenta caiena a gosto

instruções

Em uma panela, derreta a manteiga vegana em fogo médio-alto. Depois de quente, cozinhe a cebola por cerca de 3 minutos ou até ficar macio.

Adicione o alho e continue refogando por mais 30 segundos ou até ficar aromático; reserva.

Leve a água para ferver em fogo moderadamente alto. Misture os grãos, sal e pimenta. Vire o fogo para ferver, tampe e continue a cozinhar, por cerca de 30 minutos ou até ficar cozido.

Misture a mistura refogada e sirva quente. Bom apetite!

Salada de cevada à moda grega

(Pronto em cerca de 35 minutos | Porções 4)

Por porção: Calorias: 378; Gordura: 15,6g; Carboidratos: 50g; Proteína: 10,7g

Ingredientes

1 xícara de cevadinha

2 ¾ xícaras de caldo de legumes

2 colheres de sopa de vinagre de maçã

4 colheres de sopa de azeite extra-virgem

2 pimentões, sem sementes e picados

1 chalota picada

2 onças de tomate seco em óleo, picado

1/2 azeitonas verdes, sem caroço e fatiadas

2 colheres de sopa de coentro fresco, picado grosseiramente

instruções

Leve a cevada e o caldo para ferver em fogo médio-alto; agora, ligue o fogo para ferver.

Continue a ferver por cerca de 30 minutos até que todo o líquido seja absorvido; afofe com um garfo.

Misture a cevada com o vinagre, o azeite, os pimentões, as chalotas, os tomates secos e as azeitonas; misture bem.

Decore com coentro fresco e sirva em temperatura ambiente ou bem gelado. Aproveitar!

Mingau de Milho Doce Fácil

(Pronto em cerca de 15 minutos | Porções 2)

Por porção : Calorias: 278; Gordura: 12,7g; Carboidratos: 37,2g; Proteína: 3g

Ingredientes

2 xícaras de água

1/2 xícara de farinha de milho

1/4 colher de chá de pimenta da Jamaica moída

1/4 colher de chá de sal

2 colheres de açúcar mascavo

2 colheres de sopa de manteiga de amêndoa

instruções

Em uma panela, leve a água para ferver; em seguida, adicione gradualmente a farinha de milho e leve ao fogo para ferver.

Adicione a pimenta da Jamaica moída e o sal. Deixe cozinhar por 10 minutos.

Adicione o açúcar mascavo e a manteiga de amêndoa e mexa delicadamente para combinar. Bom apetite!

Muffins de milho da mamãe

(Pronto em cerca de 20 minutos | Porções 8)

Por porção: Calorias: 367; Gordura: 15,9g; Carboidratos: 53,7g; Proteína: 6,5g

Ingredientes

2 xícaras de farinha de trigo integral

1/2 xícara de painço

2 colheres de chá de fermento em pó

1/2 colher de chá de sal

1 xícara de leite de coco

1/2 xícara de óleo de coco, derretido

1/2 xícara de néctar de agave

1/2 colher de chá de canela em pó

1/4 colher de chá de cravo moído

Uma pitada de noz moscada ralada

1/2 xícara de damascos secos picados

instruções

Comece pré-aquecendo o forno a 400 graus F. Unte levemente uma forma de muffin com óleo antiaderente.

Em uma tigela, misture todos os ingredientes secos. Em uma tigela separada, misture os ingredientes molhados. Mexa a mistura de leite na mistura de farinha; misture apenas até ficar uniformemente úmido e não misture demais a massa.

Dobre os damascos e raspe a massa nas forminhas de muffin preparadas.

Asse os muffins no forno pré-aquecido por cerca de 15 minutos ou até que um testador inserido no centro do muffin saia seco e limpo.

Deixe descansar por 10 minutos sobre uma gradinha antes de desenformar e servir. Aproveitar!

arroz integral com gengibre

(Pronto em cerca de 30 minutos | Porções 4)

Por porção: Calorias: 318; Gordura: 8,8g; Carboidratos: 53,4g; Proteína: 5,6g

Ingredientes

1 ½ xícaras de arroz integral, lavado

2 colheres de sopa de azeite

1 colher de chá de alho, picado

1 (1 polegada) pedaço de gengibre, descascado e picado

1/2 colher de chá de sementes de cominho

Sal marinho e pimenta-do-reino moída a gosto

instruções

Coloque o arroz integral em uma panela e cubra com água fria por 2 polegadas. Leve para ferver.

Vire o fogo para ferver e continue a cozinhar por cerca de 30 minutos ou até ficar macio.

Em uma frigideira, aqueça o azeite em fogo médio-alto. Depois de quente, cozinhe o alho, o gengibre e as sementes de cominho até ficarem aromáticos.

Mexa a mistura de alho/gengibre no arroz quente; tempere com sal e pimenta e sirva imediatamente. Bom apetite!

Doce Aveia "Grits"

(Pronto em cerca de 20 minutos | Porções 4)

Por porção : Calorias: 380; Gordura: 11,1g; Carboidratos: 59g; Proteína: 14,4g

Ingredientes

1 ½ xícaras de aveia cortada em aço, embebida durante a noite

1 xícara de leite de amêndoa

2 xícaras de água

Uma pitada de noz moscada ralada

Uma pitada de cravo moído

Uma pitada de sal marinho

4 colheres de sopa de amêndoas, lascadas

6 tâmaras sem caroço e picadas

6 ameixas, picadas

instruções

Em uma panela funda, leve para ferver a aveia cortada em aço, o leite de amêndoa e a água.

Adicione a noz-moscada, o cravo e o sal. Vire imediatamente o fogo para ferver, tampe e continue a cozinhar por cerca de 15 minutos ou até que estejam macios.

Em seguida, coloque os grãos em quatro tigelas de servir; cubra-os com as amêndoas, tâmaras e ameixas.

Bom apetite!

Tigela Freekeh com figos secos

(Pronto em cerca de 35 minutos | Porções 2)

Por porção : Calorias: 458; Gordura: 6,8g; Carboidratos: 90g; Proteína: 12,4g

Ingredientes

1/2 xícara de freekeh, de molho por 30 minutos, escorrido

1 1/3 xícaras de leite de amêndoa

1/4 colher de chá de sal marinho

1/4 colher de chá de cravo moído

1/4 colher de chá de canela em pó

4 colheres de sopa de xarope de agave

2 onças de figos secos, picados

instruções

Coloque o freekeh, leite, sal marinho, cravo moído e canela em uma panela. Levar a ferver a fogo médio alto.

Vire imediatamente o fogo para ferver por 30 a 35 minutos, mexendo ocasionalmente para promover um cozimento uniforme.

Junte o xarope de agave e os figos. Distribua o mingau em tigelas individuais e sirva. Bom apetite!

Mingau de Fubá com Xarope de Bordo

(Pronto em cerca de 20 minutos | Porções 4)

Por porção: Calorias: 328; Gordura: 4,8g; Carboidratos: 63,4g; Proteína: 6,6g

Ingredientes

2 xícaras de água

2 xícaras de leite de amêndoa

1 pau de canela

1 fava de baunilha

1 xícara de fubá amarelo

1/2 xícara de xarope de bordo

instruções

Em uma panela, leve a água e o leite de amêndoa para ferver. Adicione o pau de canela e a fava de baunilha.

Acrescente o fubá aos poucos, mexendo sempre; vire o calor para ferver. Deixe ferver por cerca de 15 minutos.

Regue o xarope de bordo sobre o mingau e sirva quente. Aproveitar!

Arroz à Mediterrânea

(Pronto em cerca de 20 minutos | Porções 4)

Por porção : Calorias: 403; Gordura: 12g; Carboidratos: 64,1g; Proteína: 8,3g

Ingredientes

3 colheres de sopa de manteiga vegana, em temperatura ambiente

4 colheres de sopa de cebolinha, picada

2 dentes de alho, picados

1 folha de louro

1 raminho de tomilho, picado

1 raminho de alecrim, picado

1 ½ xícaras de arroz branco

2 xícaras de caldo de legumes

1 tomate grande, em puré

Sal marinho e pimenta-do-reino moída a gosto

2 onças de azeitonas Kalamata, sem caroço e fatiadas

instruções

Em uma panela, derreta a manteiga vegana em fogo moderadamente alto. Cozinhe a cebolinha por cerca de 2 minutos ou até ficar macia.

Adicione o alho, a folha de louro, o tomilho e o alecrim e refogue por cerca de 1 minuto ou até ficar aromático.

Acrescente o arroz, o caldo e o purê de tomate. Leve para ferver; imediatamente vire o fogo para um ferver suave.

Cozinhe por cerca de 15 minutos ou até que todo o líquido tenha sido absorvido. Solte o arroz com um garfo, tempere com sal e pimenta e decore com azeitonas; sirva imediatamente.

Bom apetite!

Panquecas de Bulgur com um Twist

(Pronto em cerca de 50 minutos | Porções 4)

Por porção : Calorias: 414; Gordura: 21,8g; Carboidratos: 51,8g; Proteína: 6,5g

Ingredientes

1/2 xícara de farinha de trigo para bulgur

1/2 xícara de farinha de amêndoa

1 colher de chá de bicarbonato de sódio

1/2 colher de chá de sal marinho fino

1 xícara de leite de coco integral

1/2 colher de chá de canela em pó

1/4 colher de chá de cravo moído

4 colheres de óleo de coco

1/2 xícara de xarope de bordo

1 banana grande cortada em rodelas

instruções

Em uma tigela, misture bem a farinha, o bicarbonato, o sal, o leite de coco, a canela e o cravo moído; deixe repousar por 30 minutos para absorver bem.

Aqueça uma pequena quantidade de óleo de coco em uma frigideira.

Frite as panquecas até que a superfície fique dourada. Decore com xarope de bordo e banana. Bom apetite!

Mingau De Centeio De Chocolate

(Pronto em cerca de 10 minutos | Porções 4)

Por porção : Calorias: 460; Gordura: 13,1g; Carboidratos: 72,2g; Proteína: 15g

Ingredientes

2 xícaras de flocos de centeio

2 ½ xícaras de leite de amêndoa

2 onças de ameixas secas, picadas

2 onças de pedaços de chocolate amargo

instruções

Adicione os flocos de centeio e o leite de amêndoa a uma panela funda; leve para ferver em médio-alto. Ligue o fogo para ferver e deixe cozinhar por 5 a 6 minutos.

Retire do fogo. Dobre as ameixas picadas e os pedaços de chocolate, mexa delicadamente para combinar.

Distribua em tigelas e sirva quente.

Bom apetite!

Autêntica refeição Mielie africana

(Pronto em cerca de 15 minutos | Porções 4)

Por porção: Calorias: 336; Gordura: 15,1g; Carboidratos: 47,9g; Proteína: 4,1g

Ingredientes

3 xícaras de água

1 xícara de leite de coco

1 xícara de farinha de milho

1/3 colher de chá de sal kosher

1/4 colher de chá de noz-moscada ralada

1/4 colher de chá de cravo moído

4 colheres de sopa de maple syrup

instruções

Em uma panela, leve a água e o leite para ferver; em seguida, adicione gradualmente a farinha de milho e leve ao fogo para ferver.

Adicione o sal, noz-moscada e cravo. Deixe cozinhar por 10 minutos.

Adicione o xarope de bordo e mexa delicadamente para combinar. Bom apetite!

Mingau de Teff com Figos Secos

(Pronto em cerca de 25 minutos | Porções 4)

Por porção : Calorias: 356; Gordura: 12,1g; Carboidratos: 56,5g; Proteína: 6,8g

Ingredientes

1 xícara de teff integral

1 xícara de água

2 xícaras de leite de coco

2 colheres de óleo de coco

1/2 colher de chá de cardamomo moído

1/4 colher de chá de canela em pó

4 colheres de sopa de xarope de agave

7-8 figos secos picados

instruções

Leve o teff integral, a água e o leite de coco para ferver.

Vire o fogo para ferver e adicione o óleo de coco, cardamomo e canela.

Deixe cozinhar por 20 minutos ou até o grão amolecer e o mingau engrossar. Misture o xarope de agave e mexa para combinar bem.

Cubra cada tigela com figos picados e sirva quente. Bom apetite!

Pudim de pão decadente com damascos

(Pronto em cerca de 1 hora | Porções 4)

Por porção : Calorias: 418; Gordura: 18,8g; Carboidratos: 56,9g; Proteína: 7,3g

Ingredientes

4 xícaras de pão ciabatta do dia anterior, em cubos

4 colheres de sopa de óleo de coco, derretido

2 xícaras de leite de coco

1/2 xícara de açúcar de coco

4 colheres de sopa de maçã

1/4 colher de chá de cravo moído

1/2 colher de chá de canela em pó

1 colher de chá de extrato de baunilha

1/3 xícara de damascos secos, em cubos

instruções

Comece pré-aquecendo o forno a 360 graus F. Unte levemente uma caçarola com um spray de cozinha antiaderente.

Coloque o pão em cubos na caçarola preparada.

Em uma tigela, misture bem o óleo de coco, leite, açúcar de coco, purê de maçã, cravo em pó, canela em pó e baunilha. Despeje o creme uniformemente sobre os cubos de pão; dobre os damascos.

Pressione com uma espátula larga e deixe de molho por cerca de 15 minutos.

Asse no forno pré-aquecido por cerca de 45 minutos ou até que a parte superior esteja dourada e firme. Bom apetite!

Arroz Chipotle Coentro

(Pronto em cerca de 25 minutos | Porções 4)

Por porção: Calorias: 313; Gordura: 15g; Carboidratos: 37,1g; Proteína: 5,7g

Ingredientes

4 colheres de sopa de azeite

1 pimenta chipotle, sem sementes e picada

1 xícara de arroz de jasmim

1 ½ xícaras de caldo de legumes

1/4 xícara de coentro fresco, picado

Sal marinho e pimenta caiena a gosto

instruções

Em uma panela, aqueça o azeite em fogo moderado. Adicione a pimenta e o arroz e cozinhe por cerca de 3 minutos ou até ficar aromático.

Despeje o caldo de legumes na panela e deixe ferver; imediatamente vire o fogo para um ferver suave.

Cozinhe por cerca de 18 minutos ou até que todo o líquido tenha sido absorvido. Solte o arroz com um garfo, acrescente o coentro, o sal e a pimenta caiena; mexa para combinar bem. Bom apetite!

Mingau de Aveia com Amêndoas

(Pronto em cerca de 20 minutos | Porções 2)

Por porção: Calorias: 533; Gordura: 13,7g; Carboidratos: 85g; Proteína: 21,6g

Ingredientes

1 xícara de água

2 xícaras de leite de amêndoa, dividido

1 xícara de aveia em flocos

2 colheres de açúcar de coco

1/2 essência de baunilha

1/4 colher de chá de cardamomo

1/2 xícara de amêndoas, picadas

1 banana, fatiada

instruções

Em uma panela funda, leve a água e o leite para ferver rapidamente. Adicione a aveia, tampe a panela e leve ao fogo médio.

Adicione o açúcar de coco, a baunilha e o cardamomo. Continue a cozinhar por cerca de 12 minutos, mexendo periodicamente.

Coloque a mistura em tigelas de servir; cubra com amêndoas e banana. Bom apetite!

Tigela Aromática de Milho

(Pronto em cerca de 20 minutos | Porções 3)

Por porção: Calorias: 363; Gordura: 6,7g; Carboidratos: 63,5g; Proteína: 11,6g

Ingredientes

1 xícara de água

1 ½ xícaras de leite de coco

1 xícara de painço, lavado e escorrido

1/4 colher de chá de gengibre cristalizado

1/4 colher de chá de canela em pó

Uma pitada de noz moscada ralada

Uma pitada de sal do Himalaia

2 colheres de sopa de maple syrup

instruções

Coloque em uma panela a água, o leite, o painço, o gengibre cristalizado, a noz-moscada e o sal; leve para ferver.

Abaixe o fogo e deixe cozinhar por cerca de 20 minutos; solte o painço com um garfo e colher em tigelas individuais.

Sirva com xarope de bordo. Bom apetite!

Tigela Harissa Bulgur

(Pronto em cerca de 25 minutos | Porções 4)

Por porção : Calorias: 353; Gordura: 15,5g; Carboidratos: 48,5g; Proteína: 8,4g

Ingredientes

1 xícara de trigo bulgur

1 ½ xícaras de caldo de legumes

2 xícaras de milho doce, descongelado

1 xícara de feijão em lata, escorrido

1 cebola roxa, em fatias finas

1 dente de alho, picado

Sal marinho e pimenta-do-reino moída a gosto

1/4 xícara de pasta de harissa

1 colher de sopa de suco de limão

1 colher de vinagre branco

1/4 xícara de azeite extra virgem

1/4 xícara de folhas de salsa fresca, picadas grosseiramente

instruções

Em uma panela funda, leve o trigo bulgur e o caldo de legumes para ferver; deixe cozinhar, tapado, durante 12 a 13 minutos.

Deixe repousar por 5 a 10 minutos e solte o bulgur com um garfo.

Adicione os restantes ingredientes ao trigo bulgur cozido; Sirva morno ou em temperatura ambiente. Bom apetite!

Pudim De Quinoa De Coco

(Pronto em cerca de 20 minutos | Porções 3)

Por porção: Calorias: 391; Gordura: 10,6g; Carboidratos: 65,2g; Proteína: 11,1g

Ingredientes

1 xícara de água

1 xícara de leite de coco

1 xícara de quinua

Uma pitada de sal kosher

Uma pitada de pimenta da Jamaica moída

1/2 colher de chá de canela

1/2 colher de chá de extrato de baunilha

4 colheres de sopa de xarope de agave

1/2 xícara de flocos de coco

instruções

Coloque a água, o leite de coco, a quinoa, o sal, a pimenta da Jamaica moída, a canela e o extrato de baunilha em uma panela.

Deixe ferver em fogo médio-alto. Abaixe o fogo e deixe cozinhar por cerca de 20 minutos; fluff com um garfo e adicione o xarope de agave.

Divida entre três tigelas e decore com flocos de coco. Bom apetite!

Risoto de Cogumelos Cremini

(Pronto em cerca de 20 minutos | Porções 3)

Por porção : Calorias: 513; Gordura: 12,5g; Carboidratos: 88g; Proteína: 11,7g

Ingredientes

3 colheres de sopa de manteiga vegana

1 colher de chá de alho, picado

1 colher de chá de tomilho

1 libra de cogumelos Cremini, fatiados

1 ½ xícaras de arroz branco

2 ½ xícaras de caldo de legumes

1/4 xícara de vinho xerez seco

Sal kosher e pimenta-do-reino moída a gosto

3 colheres de sopa de cebolinha fresca, em fatias finas

instruções

Em uma panela, derreta a manteiga vegana em fogo moderadamente alto. Cozinhe o alho e o tomilho por cerca de 1 minuto ou até ficarem aromáticos.

Adicione os cogumelos e continue refogando até que liberem o líquido ou cerca de 3 minutos.

Adicione o arroz, o caldo de legumes e o vinho xerez. Leve para ferver; imediatamente vire o fogo para um ferver suave.

Cozinhe por cerca de 15 minutos ou até que todo o líquido tenha sido absorvido. Solte o arroz com um garfo, tempere com sal e pimenta e decore com cebolinha fresca.

Bom apetite!

Risoto Colorido com Legumes

(Pronto em cerca de 35 minutos | Porções 5)

Por porção: Calorias: 363; Gordura: 7,5g; Carboidratos: 66,3g; Proteína: 7,7g

Ingredientes

2 colheres de sopa de óleo de gergelim

1 cebola, picada

2 pimentões, picados

1 pastinaca, aparada e picada

1 cenoura, aparada e picada

1 xícara de floretes de brócolis

2 dentes de alho, bem picados

1/2 colher de chá de cominho moído

2 xícaras de arroz integral

Sal marinho e pimenta-do-reino a gosto

1/2 colher de chá de açafrão moído

2 colheres de sopa de coentro fresco, bem picado

instruções

Aqueça o óleo de gergelim em uma panela em fogo médio-alto.

Depois de quente, cozinhe a cebola, o pimentão, a pastinaga, a cenoura e o brócolis por cerca de 3 minutos, até ficarem aromáticos.

Adicione o alho e o cominho moído; continue a cozinhar por mais 30 segundos até ficar aromático.

Coloque o arroz integral em uma panela e cubra com água fria por 2 polegadas. Leve para ferver. Vire o fogo para ferver e continue a cozinhar por cerca de 30 minutos ou até ficar macio.

Mexa o arroz na mistura de vegetais; tempere com sal, pimenta-do-reino e açafrão moído; decore com coentro fresco e sirva imediatamente. Bom apetite!

Grits de amaranto com nozes

(Pronto em cerca de 35 minutos | Porções 4)

Por porção : Calorias: 356; Gordura: 12g; Carboidratos: 51,3g; Proteína: 12,2g

Ingredientes

2 xícaras de água

2 xícaras de leite de coco

1 xícara de amaranto

1 pau de canela

1 fava de baunilha

4 colheres de sopa de maple syrup

4 colheres de nozes, picadas

instruções

Leve a água e o leite de coco para ferver em fogo médio-alto; adicione o amaranto, a canela e a baunilha e leve ao fogo para ferver.

Deixe cozinhar por cerca de 30 minutos, mexendo de vez em quando para evitar que o amaranto grude no fundo da panela.

Cubra com xarope de bordo e nozes. Bom apetite!

Pilaf de Cevada com Cogumelos Selvagens

(Pronto em cerca de 45 minutos | Porções 4)

Por porção : Calorias: 288; Gordura: 7,7g; Carboidratos: 45,3g; Proteína: 12,1g

Ingredientes

2 colheres de sopa de manteiga vegana

1 cebola pequena, picada

1 colher de chá de alho, picado

1 pimenta jalapeno, sem sementes e picada

1 libra de cogumelos selvagens, fatiados

1 xícara média de cevadinha, lavada

2 ¾ xícaras de caldo de legumes

instruções

Derreta a manteiga vegana em uma panela em fogo médio-alto.

Depois de quente, cozinhe a cebola por cerca de 3 minutos, até ficar macia.

Adicione o alho, pimenta jalapeno, cogumelos; continue a refogar por 2 minutos ou até ficar aromático.

Adicione a cevada e o caldo, tampe e continue a ferver por cerca de 30 minutos. Depois que todo o líquido for absorvido, deixe a cevada descansar por cerca de 10 minutos, solte com um garfo.

Prove e ajuste os temperos. Bom apetite!

Muffins de Pão de Milho Doce

(Pronto em cerca de 30 minutos | Porções 8)

Por porção: Calorias: 311; Gordura: 13,7g; Carboidratos: 42,3g; Proteína: 4,5g

Ingredientes

1 xícara de farinha de trigo

1 xícara de fubá amarelo

1 colher de chá de fermento em pó

1 colher de chá de bicarbonato de sódio

1 colher de chá de sal kosher

1/2 xícara de açúcar

1/2 colher de chá de canela em pó

1 1/2 xícaras de leite de amêndoa

1/2 xícara de manteiga vegana, derretida

2 colheres de maçã

instruções

Comece pré-aquecendo o forno a 420 graus F. Agora, borrife uma forma de muffin com um spray antiaderente.

Em uma tigela, misture bem a farinha, fubá, bicarbonato de sódio, fermento em pó, sal, açúcar e canela.

Acrescente aos poucos o leite, a manteiga e a compota de maçã, mexendo sempre para não empelotar.

Raspe a massa na forma de muffin preparada. Asse seus muffins por cerca de 25 minutos ou até que um testador inserido no meio saia seco e limpo.

Transfira-os para uma gradinha para descansar por 5 minutos antes de desenformar e servir. Bom apetite!

Arroz Pudim Aromático com Figos Secos

(Pronto em cerca de 45 minutos | Porções 4)

Por porção : Calorias: 407; Gordura: 7,5g; Carboidratos: 74,3g; Proteína: 10,7g

Ingredientes

2 xícaras de água

1 xícara de arroz branco de grão médio

3 ½ xícaras de leite de coco

1/2 xícara de açúcar de coco

1 pau de canela

1 fava de baunilha

1/2 xícara de figos secos picados

4 colheres de sopa de coco, ralado

instruções

Em uma panela, leve a água para ferver em fogo médio-alto. Imediatamente abaixe o fogo para ferver, adicione o arroz e deixe cozinhar por cerca de 20 minutos.

Adicione o leite, o açúcar e os temperos e continue cozinhando por mais 20 minutos, mexendo sempre para evitar que o arroz grude na panela.

Cubra com figos secos e coco; sirva seu pudim quente ou em temperatura ambiente. Bom apetite!

Potage au Quinoa

(Pronto em cerca de 25 minutos | Porções 4)

Por porção : Calorias: 466; Gordura: 11,1g; Carboidratos: 76g; Proteína: 16,1g

Ingredientes

2 colheres de sopa de azeite

1 cebola, picada

4 batatas médias descascadas e cortadas em cubos

1 cenoura, aparada e cortada em cubinhos

1 pastinaca, aparada e cortada em cubos

1 pimenta jalapeno, sem sementes e picada

4 xícaras de caldo de legumes

1 xícara de quinua

Sal marinho e pimenta-do-reino branca moída a gosto

instruções

Em uma panela de fundo grosso, aqueça o azeite em fogo médio-alto. Refogue a cebola, as batatas, as cenouras, a pastinaga e o pimentão por cerca de 5 minutos ou até que estejam macios.

Adicione o caldo de legumes e a quinoa; leve para ferver.

Imediatamente vire o fogo para ferver por cerca de 15 minutos ou até que a quinoa esteja macia.

Tempere com sal e pimenta a gosto. Faça um purê com um liquidificador de imersão. Reaqueça a panela antes de servir e divirta-se!

Tigela de Sorgo com Amêndoas

(Pronto em cerca de 15 minutos | Porções 4)

Por porção: Calorias: 384; Gordura: 14,7g; Carboidratos: 54,6g; Proteína: 13,9g

Ingredientes

1 xícara de sorgo

3 xícaras de leite de amêndoa

Uma pitada de sal marinho

Uma pitada de noz moscada ralada

1/2 colher de chá de canela em pó

1/4 colher de chá de cardamomo moído

1 colher de chá de gengibre cristalizado

4 colheres de açúcar mascavo

4 colheres de sopa de amêndoas, lascadas

instruções

Coloque em uma panela o sorgo, o leite de amêndoa, o sal, a noz-moscada, a canela, o cardamomo e o gengibre cristalizado; cozinhe suavemente por cerca de 15 minutos.

Adicione o açúcar mascavo, mexa e coloque o mingau em tigelas.

Cubra com as amêndoas e sirva imediatamente. Bom apetite!

Muffins de Bulgur com Passas

(Pronto em cerca de 20 minutos | Porções 6)

Por porção : Calorias: 306; Gordura: 12,1g; Carboidratos: 44,6g; Proteína: 6,1g

Ingredientes

1 xícara de bulgur, cozido

4 colheres de sopa de óleo de coco, derretido

1 colher de chá de fermento em pó

1 colher de chá de bicarbonato de sódio

2 colheres de sopa de ovo de linhaça

1 ¼ xícaras de farinha de trigo

1/2 xícara de farinha de coco

1 xícara de leite de coco

4 colheres de açúcar mascavo

1/2 xícara de passas, embaladas

instruções

Comece pré-aquecendo o forno a 420 graus F. Borrife uma forma de muffin com óleo antiaderente.

Misture bem todos os ingredientes secos. Adicione o bulgur cozido.

Em outra tigela, bata todos os ingredientes molhados; adicione a mistura úmida à mistura de bulgur; dobre as passas.

Misture até que tudo esteja bem combinado, mas não muito misturado; coloque a massa no muffin preparado.

Agora, asse seus muffins por cerca de 16 minutos ou até que um testador saia seco e limpo. Bom apetite!

Pilaf à moda antiga

(Pronto em cerca de 45 minutos | Porções 4)

Por porção: Calorias: 532; Gordura: 11,4g; Carboidratos: 93g; Proteína: 16,3g

Ingredientes

2 colheres de sopa de óleo de gergelim

1 chalota, fatiada

2 pimentões, sem sementes e fatiados

3 dentes de alho, picados

10 onças de cogumelos ostra, limpos e fatiados

2 xícaras de arroz integral

2 tomates, purê

2 xícaras de caldo de legumes

Sal e pimenta preta, a gosto

1 xícara de milho doce

1 xícara de ervilha verde

instruções

Aqueça o óleo de gergelim em uma panela em fogo médio-alto.

Depois de quente, cozinhe a chalota e os pimentões por cerca de 3 minutos, até ficarem macios.

Adicione o alho e os cogumelos ostra; continue a refogar por 1 minuto ou mais até ficar aromático.

Numa caçarola levemente untada com azeite, coloque o arroz, escorrido pela mistura de cogumelos, os tomates, o caldo, o sal, a pimenta-do-reino, o milho e as ervilhas.

Asse, coberto, a 375 graus F por cerca de 40 minutos, mexendo após 20 minutos. Bom apetite!

Salada Freekeh com Za'atar

(Pronto em cerca de 35 minutos | Porções 4)

Por porção : Calorias: 352; Gordura: 17,1g; Carboidratos: 46,3g; Proteína: 8g

Ingredientes

1 xícara de free keh

2 ½ xícaras de água

1 xícara de tomate uva, cortados ao meio

2 pimentões, sem sementes e fatiados

1 pimenta habanero, sem sementes e fatiada

1 cebola, em fatias finas

2 colheres de sopa de coentro fresco, picado

2 colheres de sopa de salsa fresca, picada

2 onças de azeitonas verdes, sem caroço e fatiadas

1/4 xícara de azeite extra virgem

2 colheres de sopa de suco de limão

1 colher de chá de mostarda deli

1 colher de chá de za'atar

Sal marinho e pimenta-do-reino moída a gosto

instruções

Coloque o freekeh e a água em uma panela. Levar a ferver a fogo médio alto.

Vire imediatamente o fogo para ferver por 30 a 35 minutos, mexendo ocasionalmente para promover um cozimento uniforme. Deixe esfriar completamente.

Misture o freekeh cozido com os ingredientes restantes. Misture para combinar bem.

Bom apetite!

Sopa de Legumes de Amaranto

(Pronto em cerca de 30 minutos | Porções 4)

Por porção: Calorias: 196; Gordura: 8,7g; Carboidratos: 26,1g; Proteína: 4,7g

Ingredientes

2 colheres de sopa de azeite

1 chalota pequena, picada

1 cenoura, aparada e picada

1 pastinaca, aparada e picada

1 xícara de abóbora amarela, descascada e picada

1 colher de chá de sementes de funcho

1 colher de chá de sementes de aipo

1 colher de chá de açafrão em pó

1 louro

1/2 xícara de amaranto

2 xícaras de creme de aipo

2 xícaras de água

2 xícaras de couve, cortada em pedaços

Sal marinho e pimenta-do-reino moída a gosto

instruções

Em uma panela de fundo grosso, aqueça o azeite até chiar. Depois de quente, refogue a chalota, a cenoura, a pastinaga e a abóbora por 5 minutos ou até ficarem macios.

Em seguida, refogue as sementes de erva-doce, sementes de aipo, açafrão em pó e louro por cerca de 30 segundos, até ficarem aromáticos.

Adicione o amaranto, a sopa e a água. Ligue o fogo para ferver. Cubra e deixe ferver por 15 a 18 minutos.

Em seguida, adicione a couve, tempere com sal e pimenta-do-reino e continue a ferver por mais 5 minutos. Aproveitar!

Polenta com Cogumelos e Grão-de-bico

(Pronto em cerca de 25 minutos | Porções 4)

Por porção : Calorias: 488; Gordura: 12,2g; Carboidratos: 71g; Proteína: 21,4g

Ingredientes

3 xícaras de caldo de legumes

1 xícara de fubá amarelo

2 colheres de sopa de azeite

1 cebola, picada

1 pimentão, sem sementes e fatiado

1 libra de cogumelos Cremini, fatiados

2 dentes de alho, picados

1/2 xícara de vinho branco seco

1/2 xícara de caldo de legumes

Sal kosher e pimenta-do-reino moída na hora a gosto

1 colher de chá de páprica

1 xícara de grão de bico enlatado, escorrido

instruções

Em uma panela média, leve o caldo de legumes para ferver em fogo médio-alto. Agora, adicione o fubá, mexendo continuamente para evitar grumos.

Reduza o fogo para ferver. Continue a ferver, mexendo periodicamente, por cerca de 18 minutos, até que a mistura engrosse.

Enquanto isso, aqueça o azeite em uma panela em fogo moderadamente alto. Cozinhe a cebola e a pimenta por cerca de 3 minutos ou até ficarem macias e perfumadas.

Adicione os cogumelos e o alho; continue a refogar, acrescentando aos poucos o vinho e o caldo, por mais 4 minutos ou até ficar cozido. Tempere com sal, pimenta-do-reino e páprica. Junte o grão-de-bico.

Coloque a mistura de cogumelos sobre a polenta e sirva quente. Bom apetite!

Salada Teff com Abacate e Feijão

(Pronto em cerca de 20 minutos + tempo de refrigeração | Porções 2)

Por porção : Calorias: 463; Gordura: 21,2g; Carboidratos: 58,9g; Proteína: 13,1g

Ingredientes

2 xícaras de água

1/2 xícara de grão de teff

1 colher de chá de suco de limão fresco

3 colheres de sopa de maionese vegana

1 colher de chá de mostarda deli

1 abacate pequeno, sem caroço, descascado e fatiado

1 cebola roxa pequena, em fatias finas

1 pepino persa pequeno, fatiado

1/2 xícara de feijão em lata, escorrido

2 xícaras de espinafre baby

instruções

Em uma panela funda, leve a água para ferver em fogo alto. Adicione o grão de teff e leve ao fogo para ferver.

Continue a cozinhar, coberto, por cerca de 20 minutos ou até ficar macio. Deixe esfriar completamente.

Adicione os ingredientes restantes e misture. Sirva em temperatura ambiente. Bom apetite!

Farinha de aveia com nozes durante a noite

(Pronto em cerca de 5 minutos + tempo de refrigeração | Porções 3)

Por porção : Calorias: 423; Gordura: 16,8g; Carboidratos: 53,1g; Proteína: 17,3g

Ingredientes

1 xícara de aveia à moda antiga

3 colheres de sopa de sementes de chia

1 ½ xícaras de leite de coco

3 colheres de chá de xarope de agave

1 colher de chá de extrato de baunilha

1/2 colher de chá de canela em pó

3 colheres de nozes, picadas

Uma pitada de sal

Uma pitada de noz moscada ralada

instruções

Divida os ingredientes entre três frascos de pedreiro.

Cubra e agite para combinar bem. Deixe-os descansar durante a noite em sua geladeira.

Você pode adicionar um pouco de leite extra antes de servir. Aproveitar!

Bolas Energéticas De Cenoura

(Pronto em cerca de 10 minutos + tempo de refrigeração | Porções 8)

Por porção : Calorias: 495; Gordura: 21,1g; Carboidratos: 58,4g; Proteína: 22,1g

Ingredientes

1 cenoura grande, cenoura ralada

1 ½ xícaras de aveia à moda antiga

1 xícara de passas

1 xícara de tâmaras, com pena

1 xícara de flocos de coco

1/4 colher de chá de cravo moído

1/2 colher de chá de canela em pó

instruções

Em seu processador de alimentos, pulse todos os ingredientes até formar uma mistura pegajosa e uniforme.

Modele a massa em bolas iguais.

Coloque em sua geladeira até que esteja pronto para servir. Bom apetite!

Batata Doce Crocante

(Pronto em cerca de 25 minutos + tempo de refrigeração | Porções 4)

Por porção : Calorias: 215; Gordura: 4,5g; Carboidratos: 35g; Proteína: 8,7g

Ingredientes

4 batatas doces descascadas e raladas

2 ovos de chia

1/4 xícara de fermento nutricional

2 colheres de sopa de tahine

2 colheres de farinha de grão de bico

1 colher de chalota em pó

1 colher de chá de alho em pó

1 colher de chá de páprica

Sal marinho e pimenta-do-reino moída a gosto

instruções

Comece pré-aquecendo o forno a 395 graus F. Forre uma assadeira com papel manteiga ou tapete Silpat.

Misture bem todos os ingredientes até que tudo esteja bem incorporado.

Enrole a massa em bolas iguais e coloque-as na geladeira por cerca de 1 hora.

Asse essas bolinhas por aproximadamente 25 minutos, virando-as na metade do tempo de cozimento. Bom apetite!

Cenouras Baby Vidradas Assadas

(Pronto em cerca de 30 minutos | Porções 6)

Por porção : Calorias: 165; Gordura: 10,1g; Carboidratos: 16,5g; Proteína: 1,4g

Ingredientes

2 quilos de cenoura baby

1/4 xícara de azeite

1/4 xícara de vinagre de maçã

1/2 colher de chá de flocos de pimenta vermelha

Sal marinho e pimenta-do-reino moída na hora a gosto

1 colher de sopa de xarope de agave

2 colheres de sopa de molho de soja

1 colher de sopa de coentro fresco, picado

instruções

Comece pré-aquecendo o forno 395 graus F.

Em seguida, refogue as cenouras com o azeite, vinagre, pimenta vermelha, sal, pimenta preta, xarope de agave e molho de soja.

Asse as cenouras por cerca de 30 minutos, girando a panela uma ou duas vezes. Decore com coentro fresco e sirva. Bom apetite!

Chips de Couve Assada no Forno

(Pronto em cerca de 20 minutos | Porções 8)

Por porção : Calorias: 65; Gordura: 3,9g; Carboidratos: 5,3g; Proteína: 2,4g

Ingredientes

2 maços de couve, folhas separadas

2 colheres de sopa de azeite

1/2 colher de chá de sementes de mostarda

1/2 colher de chá de sementes de aipo

1/2 colher de chá de orégano seco

1/4 colher de chá de cominho moído

1 colher de chá de alho em pó

Sal marinho grosso e pimenta-do-reino moída a gosto

instruções

Comece pré-aquecendo o forno a 340 graus F. Forre uma assadeira com papel manteiga ou Silpat mar.

Misture as folhas de couve com os ingredientes restantes até ficarem bem revestidas.

Asse no forno pré-aquecido por cerca de 13 minutos, girando a forma uma ou duas vezes. Bom apetite!

Molho De Caju Cheesy

(Pronto em cerca de 10 minutos | Porções 8)

Por porção : Calorias: 115; Gordura: 8,6g; Carboidratos: 6,6g; Proteína: 4,4g

Ingredientes

1 xícara de castanha de caju crua

1 limão, espremido na hora

2 colheres de sopa de tahine

2 colheres de sopa de levedura nutricional

1/2 colher de chá de açafrão em pó

1/2 colher de chá de flocos de pimenta vermelha, esmagados

Sal marinho e pimenta-do-reino moída a gosto

instruções

Coloque todos os ingredientes na tigela do seu processador de alimentos. Bata até ficar homogêneo, cremoso e liso. Você pode adicionar um pouco de água para diluir, conforme necessário.

Coloque o molho em uma tigela de servir; sirva com palitos vegetarianos, batatas fritas ou biscoitos.

Bom apetite!

Molho de homus apimentado

(Pronto em cerca de 10 minutos | Porções 10)

Por porção : Calorias: 155; Gordura: 7,9g; Carboidratos: 17,4g; Proteína: 5,9g

Ingredientes

20 onças de grão-de-bico enlatado ou cozido, escorrido

1/4 xícara de tahine

2 dentes de alho, picados

2 colheres de sopa de suco de limão, espremido na hora

1/2 xícara de grão de bico líquido

2 pimentões vermelhos assados, sem sementes e fatiados

1/2 colher de chá de páprica

1 colher de chá de manjericão seco

Sal marinho e pimenta-do-reino moída a gosto

2 colheres de sopa de azeite

instruções

Bata todos os ingredientes, exceto o óleo, no liquidificador ou processador de alimentos até atingir a consistência desejada.

Coloque em sua geladeira até que esteja pronto para servir.

Sirva com fatias de pita torradas ou batatas fritas, se desejar. Bom apetite!

Mutabal libanês tradicional

(Pronto em cerca de 10 minutos | Porções 6)

Por porção : Calorias: 115; Gordura: 7,8g; Carboidratos: 9,8g; Proteína: 2,9g

Ingredientes

1 libra de berinjela

1 cebola, picada

1 colher de sopa de pasta de alho

4 colheres de sopa de tahine

1 colher de óleo de coco

2 colheres de sopa de suco de limão

1/2 colher de chá de coentro moído

1/4 xícara de cravo moído

1 colher de chá de flocos de pimenta vermelha

1 colher de chá de pimentão defumado

Sal marinho e pimenta-do-reino moída a gosto

instruções

Asse a berinjela até que a pele fique preta; descasque a berinjela e transfira-a para a tigela do processador de alimentos.

Adicione os ingredientes restantes. Bata até que tudo esteja bem incorporado.

Sirva com crostini ou pão pita, se desejar. Bom apetite!

Grão-de-bico assado à moda indiana

(Pronto em cerca de 10 minutos | Porções 8)

Por porção: Calorias: 223; Gordura: 6,4g; Carboidratos: 32,2g; Proteína: 10,4g

Ingredientes

2 xícaras de grão de bico enlatado, escorrido

2 colheres de sopa de azeite

1/2 colher de chá de alho em pó

1/2 colher de chá de páprica

1 colher de chá de caril em pó

1 colher de chá de garam masala

Sal marinho e pimenta vermelha a gosto

instruções

Seque o grão-de-bico usando toalhas de papel. Regue o azeite sobre o grão-de-bico.

Asse o grão de bico no forno pré-aquecido a 400 graus F por cerca de 25 minutos, mexendo uma ou duas vezes.

Misture o grão de bico com as especiarias e divirta-se!

Abacate com Molho de Tahini

(Pronto em cerca de 10 minutos | Porções 4)

Por porção : Calorias: 304; Gordura: 25,7g; Carboidratos: 17,6g; Proteína: 6g

Ingredientes

2 abacates grandes, sem caroço e cortados ao meio

4 colheres de sopa de tahine

4 colheres de sopa de molho de soja

1 colher de sopa de suco de limão

1/2 colher de chá de flocos de pimenta vermelha

Sal marinho e pimenta-do-reino moída a gosto

1 colher de chá de alho em pó

instruções

Coloque as metades do abacate em uma travessa.

Misture o tahine, molho de soja, suco de limão, pimenta vermelha, sal, pimenta preta e alho em pó em uma tigela pequena. Divida o molho entre as metades do abacate.

Bom apetite!

Tater Tots De Batata Doce

(Pronto em cerca de 25 minutos + tempo de refrigeração | Porções 4)

Por porção: Calorias: 232; Gordura: 7,1g; Carboidratos: 37g; Proteína: 8,4g

Ingredientes

1 ½ quilo de batata doce ralada

2 ovos de chia

1/2 xícara de farinha simples

1/2 xícara de farinha de rosca

3 colheres de homus

Sal marinho e pimenta-do-reino a gosto

1 colher de sopa de azeite

1/2 xícara de molho salsa

instruções

Comece pré-aquecendo o forno a 395 graus F. Forre uma assadeira com papel manteiga ou tapete Silpat.

Misture bem todos os ingredientes, exceto a salsa, até que tudo esteja bem incorporado.

Enrole a massa em bolas iguais e coloque-as na geladeira por cerca de 1 hora.

Asse essas bolinhas por aproximadamente 25 minutos, virando-as na metade do tempo de cozimento. Bom apetite!

Pimenta Assada e Molho de Tomate

(Pronto em cerca de 35 minutos | Porções 10)

Por porção : Calorias: 90; Gordura: 5,7g; Carboidratos: 8,5g; Proteína: 1,9g

Ingredientes

4 pimentões vermelhos

4 tomates

4 colheres de sopa de azeite

1 cebola roxa, picada

4 dentes de alho

4 onças de grão-de-bico enlatado, escorrido

Sal marinho e pimenta-do-reino moída a gosto

instruções

Comece pré-aquecendo o forno a 400 graus F.

Coloque os pimentões e os tomates em uma assadeira forrada de pergaminho. Asse por cerca de 30 minutos; descasque os pimentões e transfira-os para o processador de alimentos junto com os tomates assados.

Enquanto isso, aqueça 2 colheres de sopa de azeite em uma frigideira em fogo médio-alto. Refogue a cebola e o alho por cerca de 5 minutos ou até que estejam macios.

Adicione os legumes salteados ao processador de alimentos. Adicione o grão-de-bico, sal, pimenta e o restante azeite; processe até ficar cremoso e homogêneo.

Bom apetite!

Mistura de festa clássica

(Pronto em cerca de 1 hora e 5 minutos | Porções 15)

Por porção : Calorias: 290; Gordura: 12,2g; Carboidratos: 39g; Proteína: 7,5g

Ingredientes

5 xícaras de cereal de milho vegano

3 xícaras de mini pretzels veganos

1 xícara de amêndoas, torradas

1/2 xícara de pepitas, torradas

1 colher de sopa de levedura nutricional

1 colher de vinagre balsâmico

1 colher de sopa de molho de soja

1 colher de chá de alho em pó

1/3 xícara de manteiga vegana

instruções

Comece pré-aquecendo o forno a 250 graus F. Forre uma assadeira grande com papel manteiga ou tapete Silpat.

Misture os cereais, pretzels, amêndoas e pepitas em uma tigela.

Em uma panela pequena, derreta os ingredientes restantes em fogo moderado. Despeje o molho sobre a mistura de cereais/nozes.

Asse por cerca de 1 hora, mexendo a cada 15 minutos, até dourar e perfumar. Transfira-o para uma gradinha para esfriar completamente. Bom apetite!

Crostini Alho Azeite

(Pronto em cerca de 10 minutos | Porções 4)

Por porção : Calorias: 289; Gordura: 8,2g; Carboidratos: 44,9g; Proteína: 9,5g

Ingredientes

1 baguete integral fatiada

4 colheres de sopa de azeite extra-virgem

1/2 colher de chá de sal marinho

3 dentes de alho cortados ao meio

instruções

Pré-aqueça seu frango.

Pincele cada fatia de pão com o azeite e polvilhe com sal marinho. Coloque sob o frango pré-aquecido por cerca de 2 minutos ou até tostar levemente.

Esfregue cada fatia de pão com o alho e sirva. Bom apetite!

Almôndegas veganas clássicas

(Pronto em cerca de 15 minutos | Porções 4)

Por porção : Calorias: 159; Gordura: 9,2g; Carboidratos: 16,3g; Proteína: 2,9g

Ingredientes

1 xícara de arroz integral, cozido e resfriado

1 xícara de feijão vermelho enlatado ou cozido, escorrido

1 colher de chá de alho fresco, picado

1 cebola pequena, picada

Sal marinho e pimenta-do-reino moída a gosto

1/2 colher de chá de pimenta caiena

1/2 colher de chá de páprica defumada

1/2 colher de chá de sementes de coentro

1/2 colher de chá de sementes de mostarda de coentro

2 colheres de sopa de azeite

instruções

Em uma tigela, misture bem todos os ingredientes, exceto o azeite. Misture para combinar bem e, em seguida, modele a mistura em bolas iguais usando as mãos untadas com óleo.

Em seguida, aqueça o azeite em uma frigideira antiaderente em fogo médio. Depois de quente, frite as almôndegas por cerca de 10 minutos até dourar por todos os lados.

Sirva com palitos de coquetel e divirta-se!

Pastinaga Assada Balsâmica

(Pronto em cerca de 30 minutos | Porções 6)

Por porção : Calorias: 174; Gordura: 9,3g; Carboidratos: 22,2g; Proteína: 1,4g

Ingredientes

1 ½ quilo de nabo, cortado em palitos

1/4 xícara de azeite

1/4 xícara de vinagre balsâmico

1 colher de chá de mostarda Dijon

1 colher de chá de sementes de funcho

Sal marinho e pimenta-do-reino moída a gosto

1 colher de chá de mistura de especiarias mediterrânicas

instruções

Misture todos os ingredientes em uma tigela até que as pastinagas estejam bem revestidas.

Asse a pastinaca no forno pré-aquecido a 400 graus F por cerca de 30 minutos, mexendo na metade do tempo de cozimento.

Sirva em temperatura ambiente e aproveite!

Baba Ganoush Tradicional

(Pronto em cerca de 25 minutos | Porções 8)

Por porção : Calorias: 104; Gordura: 8,2g; Carboidratos: 5,3g; Proteína: 1,6g

Ingredientes

1 libra de berinjela, cortada em rodelas

1 colher de chá de sal marinho grosso

3 colheres de sopa de azeite

3 colheres de sopa de suco de limão fresco

2 dentes de alho, picados

3 colheres de tahine

1/4 colher de chá de cravo moído

1/2 colher de chá de cominho moído

2 colheres de sopa de salsa fresca, picada grosseiramente

instruções

Esfregue o sal marinho em todas as rodelas de berinjela. Em seguida, coloque-os em uma peneira e deixe descansar por cerca de 15 minutos; escorra, enxágue e seque com panos de cozinha.

Asse a berinjela até que a pele fique preta; descasque a berinjela e transfira-a para a tigela do processador de alimentos.

Adicione o azeite, suco de limão, alho, tahine, cravo e cominho. Bata até que tudo esteja bem incorporado.

Decore com folhas de salsa fresca e bom apetite!

Mordidas de Tâmaras com Manteiga de Amendoim

(Pronto em cerca de 5 minutos | Porções 2)

Por porção : Calorias: 143; Gordura: 3,9g; Carboidratos: 26,3g; Proteína: 2,6g

Ingredientes

8 tâmaras frescas, sem caroço e cortadas ao meio

8 colheres de chá de manteiga de amendoim

1/4 colher de chá de canela em pó

instruções

Divida a manteiga de amendoim entre as metades da tâmara.

Polvilhe com canela e sirva imediatamente. Bom apetite!

Molho de Couve-Flor Assado

(Pronto em cerca de 30 minutos | Porções 7)

Por porção : Calorias: 142; Gordura: 12,5g; Carboidratos: 6,3g; Proteína: 2,9g

Ingredientes

- floretes de couve-flor de 1 libra
- 1/4 xícara de azeite
- 4 colheres de sopa de tahine
- 1/2 colher de chá de páprica
- Sal marinho e pimenta-do-reino moída a gosto
- 2 colheres de sopa de suco de limão fresco
- 2 dentes de alho, picados

instruções

Comece pré-aquecendo o forno a 420 graus F. Misture os floretes de couve-flor com o azeite e arrume-os em uma assadeira forrada de pergaminho.

Asse por cerca de 25 minutos ou até ficar macio.

Em seguida, bata a couve-flor junto com os demais ingredientes, adicionando o líquido do cozimento, conforme necessário.

Regue com um pouco de azeite extra, se desejar. Bom apetite!

Enroladinhos fáceis de abobrinha

(Pronto em cerca de 10 minutos | Porções 5)

Por porção : Calorias: 99; Gordura: 4,4g; Carboidratos: 12,1g; Proteína: 3,1g

Ingredientes

1 xícara de homus, de preferência caseiro

1 tomate médio, picado

1 colher de chá de mostarda

1/4 colher de chá de orégano

1/2 colher de chá de pimenta caiena

Sal marinho e pimenta-do-reino moída a gosto

1 abobrinha grande, cortada em tiras

2 colheres de sopa de manjericão fresco, picado

2 colheres de sopa de salsa fresca, picada

instruções

Em uma tigela, misture bem o homus, o tomate, a mostarda, o orégano, a pimenta caiena, o sal e a pimenta-do-reino.

Divida o recheio entre as tiras de abobrinha e espalhe bem. Enrole a abobrinha e decore com manjericão fresco e salsa.

Bom apetite!

Batata Doce Chipotle

(Pronto em cerca de 45 minutos | Porções 4)

Por porção : Calorias: 186; Gordura: 7,1g; Carboidratos: 29,6g; Proteína: 2,5g

Ingredientes

4 batatas doces médias, descascadas e cortadas em palitos

2 colheres de sopa de óleo de amendoim

Sal marinho e pimenta-do-reino moída a gosto

1 colher de chá de pimenta chipotle em pó

1/4 colher de chá de pimenta da Jamaica moída

1 colher de chá de açúcar mascavo

1 colher de chá de alecrim seco

instruções

Misture as batatas-doces fritas com os ingredientes restantes.

Asse suas batatas fritas a 375 graus F por cerca de 45 minutos ou até dourar; certifique-se de mexer as batatas fritas uma ou duas vezes.

Sirva com seu molho favorito, se desejar. Bom apetite!

Molho de Feijão Cannellini

(Pronto em cerca de 10 minutos | Porções 6)

Por porção: Calorias: 123; Gordura: 4,5g; Carboidratos: 15,6g; Proteína: 5,6g

Ingredientes

10 onças de feijão cannellini enlatado, escorrido

1 dente de alho, picado

2 pimentões assados, fatiados

Pimenta do mar moída na hora a gosto

1/2 colher de chá de cominho moído

1/2 colher de chá de sementes de mostarda

1/2 colher de chá de folhas de louro moídas

3 colheres de tahine

2 colheres de sopa de salsa italiana fresca, picada

instruções

Coloque todos os ingredientes, exceto a salsinha, na tigela do liquidificador ou processador de alimentos. Blitz até ficar bem misturado.

Transfira o molho para uma tigela e decore com salsa fresca.

Sirva com fatias de pita, tortilhas ou palitos de legumes, se desejar. Aproveitar!

Bean Bowl estilo mexicano

(Pronto em cerca de 1 hora + tempo de refrigeração | Porções 6)

Por porção : Calorias: 465; Gordura: 17,9g; Carboidratos: 60,4g; Proteína: 20,2g

Ingredientes

1 libra de feijão vermelho, de molho durante a noite e escorrido

1 xícara de milho enlatado, escorrido

2 pimentões assados, fatiados

1 pimenta malagueta, finamente picada

1 xícara de tomate cereja, cortados ao meio

1 cebola roxa, picada

1/4 xícara de coentro fresco, picado

1/4 xícara de salsa fresca, picada

1 colher de chá de orégano mexicano

1/4 xícara de vinagre de vinho tinto

2 colheres de sopa de suco de limão fresco

1/3 xícara de azeite extra virgem

Sal marinho e preto moído a gosto

1 abacate, descascado, sem caroço e fatiado

instruções

Cubra o feijão embebido com uma nova mudança de água fria e leve para ferver. Deixe ferver por cerca de 10 minutos. Vire o fogo para ferver e continue a cozinhar por 50 a 55 minutos ou até ficar macio.

Deixe o feijão esfriar completamente e, em seguida, transfira-o para uma saladeira.

Adicione os ingredientes restantes e misture bem. Sirva em temperatura ambiente.

Bom apetite!

Clássico Minestrone Italiano

(Pronto em cerca de 30 minutos | Porções 5)

Por porção : Calorias: 305; Gordura: 8,6g; Carboidratos: 45,1g; Proteína: 14,2g

Ingredientes

2 colheres de sopa de azeite

1 cebola grande, em cubos

2 cenouras, fatiadas

4 dentes de alho, picados

1 xícara de macarrão cotovelo

5 xícaras de caldo de legumes

1 (15 onças) de feijão branco escorrido

1 abobrinha grande, em cubos

1 lata de tomate (28 onças), esmagada

1 colher de sopa de folhas de orégano fresco, picadas

1 colher de sopa de folhas frescas de manjericão, picadas

1 colher de sopa de salsa italiana fresca, picada

instruções

Em um forno holandês, aqueça o azeite até chiar. Agora, refogue a cebola e a cenoura até ficarem macias.

Adicione o alho, o macarrão cru e o caldo; deixe ferver por cerca de 15 minutos.

Junte o feijão, a abobrinha, os tomates e as ervas. Continue a cozinhar, coberto, por cerca de 10 minutos até que tudo esteja bem cozido.

Decore com algumas ervas extras, se desejar. Bom apetite!

Ensopado de Lentilha Verde com Couve

(Pronto em cerca de 30 minutos | Porções 5)

Por porção : Calorias: 415; Gordura: 6,6g; Carboidratos: 71g; Proteína: 18,4g

Ingredientes

2 colheres de sopa de azeite

1 cebola, picada

2 batatas doces, descascadas e cortadas em cubos

1 pimentão, picado

2 cenouras picadas

1 pastinaca, picada

1 aipo, picado

2 dentes de alho

1 ½ xícaras de lentilhas verdes

1 colher de sopa de mistura de ervas italianas

1 xícara de molho de tomate

5 xícaras de caldo de legumes

1 xícara de milho congelado

1 xícara de couve, cortada em pedaços

instruções

Em um forno holandês, aqueça o azeite até chiar. Agora refogue a cebola, a batata-doce, o pimentão, a cenoura, a pastinaga e o aipo até amolecer.

Adicione o alho e continue refogando por mais 30 segundos.

Agora, adicione as lentilhas verdes, mistura de ervas italianas, molho de tomate e caldo de legumes; deixe ferver por cerca de 20 minutos até que tudo esteja bem cozido.

Adicione o milho congelado e a couve; tampe e deixe ferver por mais 5 minutos. Bom apetite!

Mistura de Legumes de Grão-de-bico

(Pronto em cerca de 30 minutos | Porções 4)

Por porção : Calorias: 369; Gordura: 18,1g; Carboidratos: 43,5g; Proteína: 13,2g

Ingredientes

2 colheres de sopa de azeite

1 cebola, finamente picada

1 pimentão, picado

1 bulbo de funcho, picado

3 dentes de alho, picados

2 tomates maduros, em purê

2 colheres de sopa de salsa fresca, picada grosseiramente

2 colheres de sopa de manjericão fresco, picado grosseiramente

2 colheres de sopa de coentro fresco, picado grosseiramente

2 xícaras de caldo de legumes

14 onças de grão de bico enlatado, escorrido

Sal kosher e pimenta-do-reino moída a gosto

1/2 colher de chá de pimenta caiena

1 colher de chá de páprica

1 abacate, descascado e fatiado

instruções

Em uma panela de fundo grosso, aqueça o azeite em fogo médio. Depois de quente, refogue a cebola, o pimentão e o bulbo de erva-doce por cerca de 4 minutos.

Refogue o alho por cerca de 1 minuto ou até ficar aromático.

Adicione os tomates, ervas frescas, caldo, grão de bico, sal, pimenta do reino, pimenta caiena e páprica. Deixe ferver, mexendo de vez em quando, por cerca de 20 minutos ou até que esteja cozido.

Prove e ajuste os temperos. Sirva decorado com as fatias de abacate fresco. Bom apetite!

Molho de Feijão Quente

(Pronto em cerca de 30 minutos | Porções 10)

Por porção : Calorias: 175; Gordura: 4,7g; Carboidratos: 24,9g; Proteína: 8,8g

Ingredientes

2 (15 onças) latas de feijão Great Northern, escorrido

2 colheres de sopa de azeite

2 colheres de sopa de molho Sriracha

2 colheres de sopa de levedura nutricional

4 onças de cream cheese vegano

1/2 colher de chá de páprica

1/2 colher de chá de pimenta caiena

1/2 colher de chá de cominho moído

Sal marinho e pimenta-do-reino moída a gosto

4 onças de chips de tortilla

instruções

Comece pré-aquecendo o forno a 360 graus F.

Pulse todos os ingredientes, exceto as tortilhas, no processador de alimentos até atingir a consistência desejada.

Asse o seu mergulho no forno pré-aquecido por cerca de 25 minutos ou até ficar quente.

Sirva com chips de tortilha e divirta-se!

Salada de Soja à Chinesa

(Pronto em cerca de 10 minutos | Porções 4)

Por porção : Calorias: 265; Gordura: 13,7g; Carboidratos: 21g; Proteína: 18g

Ingredientes

1 (15 onças) lata de soja, escorrida

1 xícara de rúcula

1 xícara de espinafre baby

1 xícara de repolho verde, picado

1 cebola, em fatias finas

1/2 colher de chá de alho, picado

1 colher de chá de gengibre, picado

1/2 colher de chá de mostarda deli

2 colheres de sopa de molho de soja

1 colher de sopa de vinagre de arroz

1 colher de sopa de suco de limão

2 colheres de sopa de tahine

1 colher de chá de xarope de agave

instruções

Em uma saladeira, coloque a soja, a rúcula, o espinafre, o repolho e a cebola; lance para combinar.

Em uma tigela pequena, misture os ingredientes restantes para o molho.

Vista sua salada e sirva imediatamente. Bom apetite!

Couve-flor assada com especiarias

(Pronto em cerca de 25 minutos | Porções 6)

Por porção : Calorias: 115; Gordura: 9,3g; Carboidratos: 6,9g; Proteína: 5,6g

Ingredientes

1 ½ quilo de floretes de couve-flor

1/4 xícara de azeite

4 colheres de sopa de vinagre de maçã

2 dentes de alho, prensados

1 colher de chá de manjericão seco

1 colher de chá de orégano seco

Sal marinho e pimenta-do-reino moída a gosto

instruções

Comece pré-aquecendo o forno a 420 graus F.

Misture os floretes de couve-flor com os ingredientes restantes.

Disponha os floretes de couve-flor em uma assadeira forrada de pergaminho. Asse os floretes de couve-flor no forno pré-aquecido por cerca de 25 minutos ou até que fiquem levemente tostados.

Bom apetite!

Toum libanês fácil

(Pronto em cerca de 10 minutos | Porções 6)

Por porção: Calorias: 252; Gordura: 27g; Carboidratos: 3,1g; Proteína: 0,4g

Ingredientes

2 cabeças de alho

1 colher de chá de sal marinho grosso

1 ½ xícaras de azeite

1 limão, espremido na hora

2 xícaras de cenoura cortada em palitos

instruções

Bata os dentes de alho e sal no processador de alimentos de um liquidificador de alta velocidade até ficar cremoso e homogêneo, raspando as laterais da tigela.

Gradualmente e lentamente, adicione o azeite e o suco de limão, alternando entre esses dois ingredientes para criar um molho fofo.

Bata até o molho engrossar. Sirva com palitos de cenoura e bom apetite!

Abacate com molho picante de gengibre

(Pronto em cerca de 10 minutos | Porções 4)

Por porção : Calorias: 295; Gordura: 28,2g; Carboidratos: 11,3g; Proteína: 2,3g

Ingredientes

2 abacates sem caroço e cortados ao meio

1 dente de alho, prensado

1 colher de chá de gengibre fresco, descascado e picado

2 colheres de vinagre balsâmico

4 colheres de sopa de azeite extra-virgem

Sal kosher e pimenta-do-reino moída a gosto

instruções

Coloque as metades do abacate em uma travessa.

Misture o alho, o gengibre, o vinagre, o azeite, o sal e a pimenta-do-reino em uma tigela pequena. Divida o molho entre as metades do abacate.

Bom apetite!

Snack De Grão De Bico

(Pronto em cerca de 30 minutos | Porções 8)

Por porção : Calorias: 109; Gordura: 7,9g; Carboidratos: 7,4g; Proteína: 3,4g

Ingredientes

1 xícara de grão de bico torrado, escorrido

2 colheres de sopa de óleo de coco, derretido

1/4 xícara de sementes de abóbora cruas

1/4 xícara de metades de noz-pecã cruas

1/3 xícara de cerejas secas

instruções

Seque o grão-de-bico usando toalhas de papel. Regue o óleo de coco sobre o grão-de-bico.

Asse o grão de bico no forno pré-aquecido a 380 graus F por cerca de 20 minutos, jogando-os uma ou duas vezes.

Misture o grão-de-bico com as sementes de abóbora e as metades de noz-pecã. Continue assando até que as nozes fiquem perfumadas por cerca de 8 minutos; deixe esfriar completamente.

Adicione as cerejas secas e mexa para combinar. Bom apetite!

Mergulho Muhammara com um Twist

(Pronto em cerca de 35 minutos | Porções 9)

Por porção : Calorias: 149; Gordura: 11,5g; Carboidratos: 8,9g; Proteína: 2,4g

Ingredientes

3 pimentões vermelhos

5 colheres de azeite

2 dentes de alho, picados

1 tomate, picado

3/4 xícara de migalhas de pão

2 colheres de sopa de melaço

1 colher de chá de cominho moído

1/4 sementes de girassol, torradas

1 pimenta Maras picada

2 colheres de sopa de tahine

Sal marinho e pimenta vermelha a gosto

instruções

Comece pré-aquecendo o forno a 400 graus F.

Coloque os pimentões em uma assadeira forrada de pergaminho. Asse por cerca de 30 minutos; descasque os pimentões e transfira-os para o processador de alimentos.

Enquanto isso, aqueça 2 colheres de sopa de azeite em uma frigideira em fogo médio-alto. Refogue o alho e os tomates por cerca de 5 minutos ou até que estejam macios.

Adicione os legumes salteados ao processador de alimentos. Adicione os ingredientes restantes e processe até ficar cremoso e homogêneo.

Bom apetite!

Crostini de espinafre, grão de bico e alho

(Pronto em cerca de 10 minutos | Porções 6)

Por porção : Calorias: 242; Gordura: 6,1g; Carboidratos: 38,5g; Proteína: 8,9g

Ingredientes

1 baguete, cortada em fatias

4 colheres de sopa de azeite extra-virgem

Sal marinho e pimenta vermelha, para temperar

3 dentes de alho, picados

1 xícara de grão-de-bico cozido, escorrido

2 xícaras de espinafre

1 colher de sopa de suco de limão fresco

instruções

Pré-aqueça seu frango.

Pincele as fatias de pão com 2 colheres de sopa de azeite e polvilhe com sal marinho e pimenta vermelha. Coloque sob o frango pré-aquecido por cerca de 2 minutos ou até tostar levemente.

Em uma tigela, misture bem o alho, o grão de bico, o espinafre, o suco de limão e as 2 colheres de sopa restantes de azeite.

Coloque a mistura de grão de bico em cada torrada. Bom apetite!

"Almôndegas" de Cogumelos e Feijão Cannellini

(Pronto em cerca de 15 minutos | Porções 4)

Por porção : Calorias: 195; Gordura: 14,1g; Carboidratos: 13,2g; Proteína: 3,9g

Ingredientes

4 colheres de sopa de azeite

1 xícara de cogumelos botão, picados

1 chalota picada

2 dentes de alho, esmagados

1 xícara de feijão cannellini enlatado ou cozido, escorrido

1 xícara de quinoa, cozida

Sal marinho e pimenta-do-reino moída a gosto

1 colher de chá de páprica defumada

1/2 colher de chá de flocos de pimenta vermelha

1 colher de chá de sementes de mostarda

1/2 colher de chá de endro seco

instruções

Aqueça 2 colheres de sopa de azeite em uma frigideira antiaderente. Depois de quente, cozinhe os cogumelos e a chalota por 3 minutos ou até ficarem macios.

Adicione o alho, feijão, quinoa e especiarias. Misture para combinar bem e, em seguida, modele a mistura em bolas iguais usando as mãos untadas com óleo.

Em seguida, aqueça as 2 colheres de sopa restantes de azeite em uma frigideira antiaderente em fogo médio. Depois de quente, frite as almôndegas por cerca de 10 minutos até dourar por todos os lados.

Sirva com palitos de coquetel. Bom apetite!

Rodelas de Pepino com Hummus

(Pronto em cerca de 10 minutos | Porções 6)

Por porção : Calorias: 88; Gordura: 3,6g; Carboidratos: 11,3g; Proteína: 2,6g

Ingredientes

1 xícara de homus, de preferência caseiro

2 tomates grandes, em cubos

1/2 colher de chá de flocos de pimenta vermelha

Sal marinho e pimenta-do-reino moída a gosto

2 pepinos ingleses cortados em rodelas

instruções

Divida o molho de homus entre as rodelas de pepino.

Cubra-os com tomates; polvilhe flocos de pimenta vermelha, sal e pimenta-do-reino sobre cada pepino.

Sirva bem gelado e aproveite!

Pedaços de Jalapeño Recheados

(Pronto em cerca de 15 minutos | Porções 6)

Por porção : Calorias: 108; Gordura: 6,6g; Carboidratos: 7,3g; Proteína: 5,3g

Ingredientes

1/2 xícara de sementes de girassol cruas, embebidas durante a noite e escorridas

4 colheres de sopa de cebolinha, picada

1 colher de chá de alho, picado

3 colheres de sopa de levedura nutricional

1/2 xícara de sopa de creme de cebola

1/2 colher de chá de pimenta caiena

1/2 colher de chá de sementes de mostarda

12 jalapeños, cortados ao meio e sem sementes

1/2 xícara de farinha de rosca

instruções

Em seu processador de alimentos ou liquidificador de alta velocidade, bata sementes de girassol cruas, cebolinha, alho, fermento nutricional, sopa, pimenta caiena e sementes de mostarda até misturar bem.

Coloque a mistura nos jalapeños e cubra-os com a farinha de rosca.

Asse no forno pré-aquecido a 400 graus F por cerca de 13 minutos ou até que os pimentões estejam macios. Sirva quente.

Bom apetite!

Anéis de Cebola Estilo Mexicano

(Pronto em cerca de 35 minutos | Porções 6)

Por porção : Calorias: 213; Gordura: 10,6g; Carboidratos: 26,2g; Proteína: 4,3g

Ingredientes

2 cebolas médias, cortadas em rodelas

1/4 xícara de farinha de trigo

1/4 xícara de farinha de espelta

1/3 xícara de leite de arroz, sem açúcar

1/3 xícara de cerveja ale

Sal marinho e pimenta-do-reino moída na hora, para temperar

1/2 colher de chá de pimenta caiena

1/2 colher de chá de sementes de mostarda

1 xícara de chips de tortilla, esmagados

1 colher de sopa de azeite

instruções

Comece pré-aquecendo o forno a 420 graus F.

Em uma tigela rasa, misture a farinha, o leite e a cerveja.

Em outra tigela rasa, misture os temperos com as tortilhas trituradas. Passe os anéis de cebola na mistura de farinha.

Em seguida, enrole-os sobre a mistura de especiarias, pressionando para cobrir bem.

Disponha os anéis de cebola em uma assadeira forrada de pergaminho. Pincele-os com azeite e leve ao forno por aproximadamente 30 minutos. Bom apetite!

vegetais de raíz assados

(Pronto em cerca de 35 minutos | Porções 6)

Por porção : Calorias: 261; Gordura: 18,2g; Carboidratos: 23,3g; Proteína: 2,3g

Ingredientes

1/4 xícara de azeite

2 cenouras, descascadas e cortadas em pedaços de 1 ½ polegada

2 pastinagas, descascadas e cortadas em pedaços de 1 ½ polegada

1 talo de aipo, descascado e cortado em pedaços de 1 ½ polegada

1 libra de batata doce, descascada e cortada em pedaços de 1 ½ polegada

1/4 xícara de azeite

1 colher de chá de sementes de mostarda

1/2 colher de chá de manjericão

1/2 colher de chá de orégano

1 colher de chá de flocos de pimenta vermelha

1 colher de chá de tomilho seco

Sal marinho e pimenta-do-reino moída a gosto

instruções

Misture os legumes com os ingredientes restantes até ficarem bem revestidos.

Asse os legumes no forno pré-aquecido a 400 graus F por cerca de 35 minutos, mexendo na metade do tempo de cozimento.

Prove, ajuste os temperos e sirva quente. Bom apetite!

Molho de homus ao estilo indiano

(Pronto em cerca de 10 minutos | Porções 10)

Por porção : Calorias: 171; Gordura: 10,4g; Carboidratos: 15,3g; Proteína: 5,4g

Ingredientes

20 onças de grão-de-bico enlatado ou cozido, escorrido

1 colher de chá de alho, fatiado

1/4 xícara de tahine

1/4 xícara de azeite

1 limão, espremido na hora

1/4 colher de chá de açafrão

1/2 colher de chá de cominho em pó

1 colher de chá de caril em pó

1 colher de chá de sementes de coentro

1/4 xícara de líquido de grão de bico, ou mais, conforme necessário

2 colheres de sopa de coentro fresco, picado grosseiramente

instruções

Bata o grão de bico, alho, tahine, azeite, limão, açafrão, cominho, curry em pó e sementes de coentro no liquidificador ou processador de alimentos.

Misture até atingir a consistência desejada, adicionando gradualmente o líquido do grão de bico.

Coloque em sua geladeira até que esteja pronto para servir. Decore com coentro fresco.

Sirva com pão naan ou palitos vegetarianos, se desejar. Bom apetite!

Molho de Cenoura e Feijão Assado

(Pronto em cerca de 55 minutos | Porções 10)

Por porção : Calorias: 121; Gordura: 8,3g; Carboidratos: 11,2g; Proteína: 2,8g

Ingredientes

1 ½ quilo de cenouras, aparadas

2 colheres de sopa de azeite

4 colheres de sopa de tahine

8 onças de feijão cannellini enlatado, escorrido

1 colher de chá de alho, picado

2 colheres de sopa de suco de limão

2 colheres de sopa de molho de soja

Sal marinho e pimenta-do-reino moída a gosto

1/2 colher de chá de páprica

1/2 colher de chá de endro seco

1/4 xícara de pepitas, torradas

instruções

Comece pré-aquecendo o forno a 390 graus F. Forre uma assadeira com papel manteiga.

Agora, regue as cenouras com o azeite e disponha-as na assadeira preparada.

Asse as cenouras por cerca de 50 minutos ou até ficarem macias. Transfira as cenouras assadas para a tigela do processador de alimentos.

Adicione o tahine, o feijão, o alho, o suco de limão, o molho de soja, o sal, a pimenta-do-reino, a páprica e o endro. Processe até que o molho fique cremoso e uniforme.

Decore com pepitas torradas e sirva com molhos de sua escolha. Bom apetite!

Sushi de abobrinha rápido e fácil

(Pronto em cerca de 10 minutos | Porções 5)

Por porção : Calorias: 129; Gordura: 6,3g; Carboidratos: 15,9g; Proteína: 2,5g

Ingredientes

1 xícara de arroz, cozido

1 cenoura ralada

1 cebola pequena, ralada

1 abacate, picado

1 dente de alho, picado

Sal marinho e pimenta-do-reino moída a gosto

1 abobrinha média, cortada em tiras

Molho Wasabi, para servir

instruções

Em uma tigela, misture bem o arroz, a cenoura, a cebola, o abacate, o alho, o sal e a pimenta-do-reino.

Divida o recheio entre as tiras de abobrinha e espalhe bem. Enrole a abobrinha e sirva com molho Wasabi.

Bom apetite!

Tomate Cereja com Homus

(Pronto em cerca de 10 minutos | Porções 8)

Por porção : Calorias: 49; Gordura: 2,5g; Carboidratos: 4,7g; Proteína: 1,3g

Ingredientes

1/2 xícara de homus, de preferência caseiro

2 colheres de sopa de maionese vegana

1/4 xícara de cebolinha picada

16 tomates cereja, retire a polpa

2 colheres de sopa de coentro fresco, picado

instruções

Em uma tigela, misture bem o homus, a maionese e a cebolinha.

Divida a mistura de homus entre os tomates. Decore com coentro fresco e sirva.

Bom apetite!

Cogumelos Assados no Forno

(Pronto em cerca de 20 minutos | Porções 4)

Por porção : Calorias: 136; Gordura: 10,5g; Carboidratos: 7,6g; Proteína: 5,6g

Ingredientes

1 ½ libras de cogumelos de botão, limpos

3 colheres de sopa de azeite

3 dentes de alho, picados

1 colher de chá de orégano seco

1 colher de chá de manjericão seco

1/2 colher de chá de alecrim seco

Sal kosher e pimenta-do-reino moída a gosto

instruções

Misture os cogumelos com os ingredientes restantes.

Disponha os cogumelos em uma assadeira forrada de pergaminho.

Asse os cogumelos no forno pré-aquecido a 420 graus F por cerca de 20 minutos ou até ficarem macios e perfumados.

Arrume os cogumelos em uma travessa e sirva com palitos de coquetel. Bom apetite!

Chips De Couve De Queijo

(Pronto em cerca de 1 hora e 30 minutos | Porções 6)

Por porção : Calorias: 121; Gordura: 7,5g; Carboidratos: 8,4g; Proteína: 6,5g

Ingredientes

1/2 xícara de sementes de girassol, embebidas durante a noite e escorridas

1/2 xícara de castanha de caju, embebidas durante a noite e escorridas

1/3 xícara de fermento nutricional

2 colheres de sopa de suco de limão

1 colher de chá de cebola em pó

1 colher de chá de alho em pó

1 colher de chá de páprica

Sal marinho e pimenta-do-reino moída a gosto

1/2 xícara de água

4 xícaras de couve, cortada em pedaços

instruções

Em seu processador de alimentos ou liquidificador de alta velocidade, bata as sementes de girassol cruas, castanha de caju, fermento nutricional, suco de limão, cebola em pó, alho em pó, páprica, sal, pimenta-do-reino moída e água até misturar bem.

Despeje a mistura sobre as folhas de couve e misture até que estejam bem revestidas.

Asse no forno pré-aquecido a 220 graus F por cerca de 1 hora e 30 minutos ou até ficar crocante.

Bom apetite!

Barquinhos de Abacate Hummus

(Pronto em cerca de 10 minutos | Porções 4)

Por porção : Calorias: 297; Gordura: 21,2g; Carboidratos: 23,9g; Proteína: 6g

Ingredientes

1 colher de sopa de suco de limão fresco

2 abacates maduros, cortados ao meio e sem caroço

8 onças de homus

1 dente de alho, picado

1 tomate médio, picado

Sal marinho e pimenta-do-reino moída a gosto

1/2 colher de chá de açafrão em pó

1/2 colher de chá de pimenta caiena

1 colher de sopa de tahine

instruções

Regue o suco de limão fresco sobre as metades do abacate.

Misture o homus, alho, tomate, sal, pimenta-do-reino, açafrão em pó, pimenta caiena e tahine. Coloque o recheio em seus abacates.

Sirva imediatamente.

Cogumelos Recheados Nacho

(Pronto em cerca de 25 minutos | Porções 5)

Por porção : Calorias: 210; Gordura: 13,4g; Carboidratos: 17,7g; Proteína: 6,9g

Ingredientes

1 xícara de chips de tortilla, esmagados

1 xícara de feijão preto enlatado ou cozido, escorrido

4 colheres de sopa de manteiga vegana

2 colheres de sopa de tahine

4 colheres de sopa de cebolinha, picada

1 colher de chá de alho, picado

1 jalapeno picado

1 colher de chá de orégano mexicano

1 colher de chá de pimenta caiena

Sal marinho e pimenta-do-reino moída a gosto

15 cogumelos de botão médios, limpos, talos removidos

instruções

Misture bem todos os ingredientes, exceto os cogumelos, em uma tigela.

Divida a mistura de nacho entre os cogumelos.

Asse no forno pré-aquecido a 350 graus F por cerca de 20 minutos ou até ficar macio e cozido. Bom apetite!

Wraps de Alface com Hummus e Abacate

(Pronto em cerca de 10 minutos | Porções 6)

Por porção : Calorias: 115; Gordura: 6,9g; Carboidratos: 11,6g; Proteína: 2,6g

Ingredientes

1/2 xícara de homus

1 tomate, picado

1 cenoura, ralada

1 abacate médio, sem caroço e picado

1 colher de chá de vinagre branco

1 colher de chá de molho de soja

1 colher de chá de xarope de agave

1 colher de sopa de molho Sriracha

1 colher de chá de alho, picado

1 colher de chá de gengibre, ralado na hora

Sal kosher e pimenta-do-reino moída a gosto

1 cabeça de alface manteiga, separada em folhas

instruções

Misture bem o homus, o tomate, a cenoura e o abacate. Combine o vinagre branco, molho de soja, xarope de agave, molho Sriracha, alho, gengibre, sal e pimenta preta.

Divida o recheio entre as folhas de alface, enrole e sirva com o molho à parte.

Bom apetite!

Couves de Bruxelas assadas

(Pronto em cerca de 35 minutos | Porções 6)

Por porção : Calorias: 151; Gordura: 9,6g; Carboidratos: 14,5g; Proteína: 5,3g

Ingredientes

2 libras de couve de Bruxelas

1/4 xícara de azeite

Sal marinho grosso e pimenta-do-reino moída a gosto

1 colher de chá de flocos de pimenta vermelha

1 colher de chá de orégano seco

1 colher de chá de salsa seca

1 colher de chá de sementes de mostarda

instruções

Misture as couves de Bruxelas com os ingredientes restantes até ficarem bem revestidas.

Asse os legumes no forno pré-aquecido a 400 graus F por cerca de 35 minutos, mexendo na metade do tempo de cozimento.

Prove, ajuste os temperos e sirva quente. Bom apetite!

Poblano Poppers de Batata Doce

(Pronto em cerca de 25 minutos | Porções 7)

Por porção : Calorias: 145; Gordura: 3,6g; Carboidratos: 24,9g; Proteína: 5,3g

Ingredientes

1/2 libra de couve-flor, aparada e cortada em cubos

1 libra de batata-doce descascada e cortada em cubos

1/2 xícara de leite de caju, sem açúcar

1/4 xícara de maionese vegana

1/2 colher de chá de caril em pó

1/2 colher de chá de pimenta caiena

1/4 colher de chá de endro seco

Pimenta do mar e do reino moída a gosto

1/2 xícara de farinha de rosca fresca

14 chiles poblano frescos, cortados ao meio, sementes removidas

instruções

Cozinhe a couve-flor e a batata-doce no vapor por cerca de 10 minutos ou até amolecerem. Agora, amasse-os com o leite de caju.

Adicione a maionese vegana, curry em pó, pimenta caiena, endro, sal e pimenta-do-reino.

Despeje a mistura nos pimentões e cubra-os com a farinha de rosca.

Asse no forno pré-aquecido a 400 graus F por cerca de 13 minutos ou até que os pimentões estejam macios.

Bom apetite!

Chips de abobrinha assada

(Pronto em cerca de 1 hora e 30 minutos | Porções 7)

Por porção : Calorias: 48; Gordura: 4,2g; Carboidratos: 2g; Proteína: 1,7g

Ingredientes

1 libra de abobrinha, cortada em fatias de 1/8 de polegada de espessura

2 colheres de sopa de azeite

1/2 colher de chá de orégano seco

1/2 colher de chá de manjericão seco

1/2 colher de chá de flocos de pimenta vermelha

Sal marinho e pimenta-do-reino moída a gosto

instruções

Misture a abobrinha com os demais ingredientes.

Coloque as fatias de abobrinha em uma única camada em uma assadeira forrada de pergaminho.

Asse a 235 graus F por cerca de 90 minutos até ficar crocante e dourado. Os chips de abobrinha ficarão crocantes enquanto esfria.

Bom apetite!

Autêntico Molho Libanês

(Pronto em cerca de 10 minutos | Porções 12)

Por porção : Calorias: 117; Gordura: 6,6g; Carboidratos: 12,2g; Proteína: 4,3g

Ingredientes

2 (15 onças) lata de grão de bico / grão de bico

4 colheres de sopa de suco de limão

4 colheres de sopa de tahine

2 colheres de sopa de azeite

1 colher de chá de pasta de alho-gengibre

1 colher de chá de mistura de 7 especiarias libanesas

Sal marinho e pimenta-do-reino moída a gosto

1/3 xícara de grão de bico líquido

instruções

Bata o grão-de-bico, o suco de limão, o tahine, o azeite, a pasta de gengibre e alho e os temperos no liquidificador ou processador de alimentos.

Misture até atingir a consistência desejada, adicionando gradualmente o líquido do grão de bico.

Coloque em sua geladeira até que esteja pronto para servir. Sirva com palitos de legumes, se desejar. Bom apetite!

www.ingramcontent.com/pod-product-compliance
Lightning Source LLC
Chambersburg PA
CBHW070408120526
44590CB00014B/1306